多様化する人材と雇用に対応する

ジェンダーフリーの労務管理

特定社会保険労務士
小岩広宣

日本実業出版社

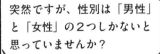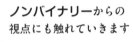

ジェンダーフリーの労務管理　目次

マンガでつかむ本書のポイント

「ジェンダーフリーの労務管理って何？」と思ったあなたへ ………………… 2

第 1 章 | ジェンダーと 労務管理の全体像

ジェンダーと労務管理の全体像① …………………………………………… 12
ジェンダーと労務管理の全体像② …………………………………………… 14
そもそも「ジェンダー」とは？ ……………………………………………… 18
そもそも「ＬＧＢＴＱ」とは？ ……………………………………………… 21
そもそも「ノンバイナリー」とは？ ………………………………………… 24
ジェンダーフリーが広まる時代背景 ………………………………………… 26
雇用社会におけるマジョリティとマイノリティ …………………………… 29
女性活躍推進を進める労務管理 ……………………………………………… 32
"有害な男らしさ"と労務管理 ………………………………………………… 34
高齢者雇用と労務管理 ………………………………………………………… 36
Ｚ世代を活かす労務管理 ……………………………………………………… 38
ＬＧＢＴＱを活かす労務管理 ………………………………………………… 40
ノンバイナリーを活かす労務管理 …………………………………………… 42

第 2 章 | 募集・採用・労働契約

募集・採用の全体像① ………………………………………………………… 46
募集・採用の全体像② ………………………………………………………… 52
人手不足と求人戦略 …………………………………………………………… 56

女性活躍推進と募集・採用 ………………………………………… 60

高齢者活用のための募集・採用 ………………………………… 64

Ｚ世代を活かす募集・採用 ………………………………………… 67

マイノリティと募集・採用の横断理解 ………………………… 70

マイノリティと採用トラブルの横断理解 …………………… 74

多様性を活かす労働契約の在り方 …………………………… 78

男性社員にお伝えしたいこと 〜入社・配属・転勤〜 …………………………… 81

女性社員にお伝えしたいこと 〜入社・配属・転勤〜 …………………………… 83

管理職にお伝えしたいこと 〜募集・採用・労働契約〜 ……………………… 85

経営者にお伝えしたいこと 〜募集・採用・労働契約〜 ……………………… 87

第 3 章 雇用形態・勤務条件

雇用形態・勤務条件の全体像 ………………………………… 90

正社員以外の働き方と多様な人材 …………………………… 93

高齢者活用と雇用形態 …………………………………………… 96

扶養制度とジェンダー …………………………………………… 99

短時間正社員とジェンダー …………………………………… 102

ジョブ型雇用とジェンダー …………………………………… 105

Ｚ世代の定着促進 ………………………………………………… 107

マイノリティを活かす雇用形態の横断理解 …………… 110

派遣労働の新たな可能性 ……………………………………… 113

雇用によらない働き方の今後 ……………………………… 115

管理職にお伝えたいこと 〜雇用形態・勤務条件〜 ………………………… 119

経営者にお伝えしたいこと 〜雇用形態・勤務条件〜 ……………………… 121

第 4 章 | 賃金・福利厚生・施設管理

賃金をめぐる労務管理の全体像 ……………………………………… 124

福利厚生・施設管理をめぐる労務管理の全体像 ……………………… 128

女性活躍推進と賃金制度 ……………………………………………… 130

"ダブルインカム型"に向けた制度設計 ……………………………… 132

"人生100年"時代の高齢者雇用 ……………………………………… 134

マイノリティと賃金制度の横断理解 ………………………………… 136

福利厚生とジェンダー ………………………………………………… 139

性別変更への職場の対応 ……………………………………………… 141

トイレ・更衣室とジェンダー ………………………………………… 144

社内行事とジェンダー ………………………………………………… 148

ジェンダーフリーのキャリアマップ ………………………………… 150

男性社員にお伝えしたいこと ～福利厚生・施設管理～ …………… 153

女性社員にお伝えしたいこと ～福利厚生・施設管理～ …………… 155

管理職にお伝えしたいこと ～賃金・福利厚生・施設管理～ ……… 157

経営者にお伝えしたいこと ～賃金・福利厚生・施設管理～ ……… 159

第 5 章 | 服務規律・服装規定

服務規律の全体像① …………………………………………………… 162

服務規律の全体像② …………………………………………………… 165

女性社員と服務規律 …………………………………………………… 167

定年延長・再雇用と服務規律 ………………………………………… 169

"男の生きづらさ"と服務規律 ………………………………………… 171

マイノリティと服務規律の横断理解 ……………………… 173

氏名・呼称とジェンダー ……………………………………… 175

服装規定の全体像 ……………………………………………… 177

職場のドレスコードの歴史 …………………………………… 180

男性社員・女性社員とドレスコードの横断理解 ……………… 183

マイノリティとドレスコードの横断理解 …………………… 185

男性社員にお伝えしたいこと　〜服務規律・服装規定〜 ………………… 187

女性社員にお伝えしたいこと　〜服務規律・服装規定〜 ……………… 189

管理職にお伝えしたいこと　〜服務規律・服装規定〜 …………………… 192

経営者にお伝えしたいこと　〜服務規律・服装規定〜 …………………… 194

第 6 章 | ハラスメント・懲戒

ハラスメント・懲戒の全体像 ………………………………… 198

セクハラと懲戒 ………………………………………………… 202

パワハラと懲戒 ………………………………………………… 205

性の在り方の4要素 …………………………………………… 208

マイノリティとハラスメントの横断理解 …………………… 211

マイノリティと懲戒の横断理解 ……………………………… 216

相談窓口の具体例 ……………………………………………… 218

ハラスメント発生時の対応 …………………………………… 220

ハラスメントを防ぐ社内研修 ………………………………… 222

ジェンダーフリーの経営指針づくり ………………………… 224

男性社員にお伝えしたいこと　〜ハラスメント〜 ………………………… 226

女性社員にお伝えしたいこと　〜ハラスメント〜 ……………………… 229

管理職にお伝えしたいこと　〜ハラスメント・懲戒〜 …………………… 232

| 経営者にお伝えしたいこと | 〜ハラスメント・懲戒〜 ……………………… 235

第 7 章 | 解雇・退職

解雇・退職の全体像 …………………………………… 238

解雇・退職の傾向と対策 ……………………………… 243

高齢社員と解雇・退職 ………………………………… 245

能力不足とジェンダー ………………………………… 247

協調性欠如とジェンダー ……………………………… 249

配置転換・出向とジェンダー ………………………… 251

ハラスメント加害者の解雇・退職 …………………… 253

マイノリティと解雇・退職の横断理解 ……………… 255

労働基準監督署・ユニオン・訴訟対応 ……………… 257

解雇・退職者を出さない労務管理 …………………… 259

| 管理職にお伝えしたいこと | 〜解雇・退職〜 ………………………… 261

| 経営者にお伝えしたいこと | 〜解雇・退職〜 ………………………… 264

おわりに ………………………………………………… 267

ブックデザイン	沢田幸平(happeace)
カバー・本文イラスト	そこにおる
DTP	一企画

第 1 章

ジェンダーと労務管理の全体像

ジェンダーと
労務管理の全体像①

「ジェンダー」とは、「社会的・文化的に形成される性別」のことをいいます。ジェンダーをめぐる規範の変化や多様化が進みつつある時代、労務管理にも意識や行動の変化が求められているでしょう。

▰▰▰ そもそも「ジェンダー」とは？

ジェンダー（gender） という言葉は、最近登場した造語ではありません。1980年代に女性学の分野で用いられ始め、1991年には『広辞苑』に **社会的・文化的に形成される性別** という意味が記載されました。

男女の役割の違いは、普遍的・生得的なものではなく、社会的・文化的に形成されてきたものであり、それを表す言葉として「ジェンダー」が使われるようになりました。

「男は仕事、女は家事・育児」という固定的な性別役割（ジェンダー規範）が、男女の差別的な関係や経済的な格差を醸成する土壌になっており、差別の根源であるという認識が共有され、昨今では **LGBTQ などの性的マイノリティなど多様な性の在り方を含むもの** としても理解が進みつつあります。

国際的にも、1995年に北京で開催された第4回世界女性会議（北京会議）以降、**ジェンダー平等（Gender Equality）** という言葉が使用されるようになり、2015年に採択された国連の「持続可能な開発目標（SDGs）」では重要な項目の一つとなっています。

今ではさまざまな企業や団体に多様なジェンダーを認め合うための

部署や窓口が設置され、2021年には「ジェンダー平等」がユーキャン新語・流行語大賞トップテンに入賞しています。

　男女共同参画社会基本法でジェンダーという言葉は使用されていませんが、男女共同参画基本計画では「社会的、文化的に形成された性別（ジェンダー）」と規定され、行政が打ち出す政策やリーフレットでも使用されています。

■ ジェンダーとセクシュアリティ

　ジェンダーの対義語は**セクシュアリティ**です。出生時に割り当てられた生物学的な性別を指し、通常私たちが「性別」と表現しているのはこちらであることが多いです。

　職場では、セクシュアリティに基づいて入社から退職にいたるまでの手続きをとりますが、同時に私たちは**「男らしさ」「女らしさ」**というジェンダー規範に基づいて仕事をしたり、従業員を管理したりしています。

　近年、ジェンダーとセクシュアリティとの違いが社会的にも強く意識されるようなってきました。身体の性と心の性が一致しないマイノリティの人が一定の割合で存在するほか、ファッションや行動をめぐる「男らしさ」「女らしさ」の規範も多様化が進みつつあります。企業の現場での認識や実務対応にも変革が促されています。

> **セクシュアリティ▶**出生時に割り当てられた生物学的な性別。入社から退職にいたるまでの手続き、トイレ・更衣室などを利用する際の性別はセクシュアリティを基準とすることが一般的
> **ジェンダー▶** 社会的・文化的に形成される性別。「男らしさ」「女らしさ」をめぐる企業秩序、外部からの期待は、ジェンダーを基準にすることが多い

ジェンダーと
労務管理の全体像②

職場における規律と多様性をめぐっては、会社はもちろん、従業員にもさまざまなとらえ方や価値観があります。ジェンダーと労務管理を考えるにあたって、まずは大まかなテーマを整理しましょう。

■■■ 多様性・包摂性と規律・秩序とのバランス

　人間はそれぞれ異なる個性を持っており、職場においてそれらを認め合うことによって、全体として業績や成果がもたらされます。

　採用面接などでも応募者ならではの個性や強みが問われる場面が多いといえ、AIの進化によってさまざまな分野の集合知が瞬時に共有できる時代になるにつれて、この流れがさらに加速すると考えられるでしょう。

　一方で、企業は従業員を一定の規範や秩序に当てはめる場でもあります。雇用契約に基づいて職務を果たすことで対価として賃金を受ける労働者は、その前提として**職務専念義務**とともに**企業秩序遵守義務**を負っており、会社が就業規則などにおいて求めるルールに従って行動しなければなりません。**多様性を発揮しようとする従業員の個性と、画一性を求めて企業が定めるルールとは、一定の緊張感のもとに競合する関係**にあります。

> **従業員▶**個人として自由でありたい、多様性を認めてほしい
> **会　社▶**組織として画一的なルール・秩序を守って働いてほしい

従業員と会社が異なる論理に基づいて存在している現実の中で、さらに職場では潜在的に**「男性的な思考」「女性的な思考」**が成り立っているケースが多いと考えられます。

　例外や個別事情はあるにせよ、従来はある程度、こうした論理へのコンセンサスが得られる中で、入社から退職までの労務管理が行われてきました。

　昨今は「男性的な思考」「女性的な思考」にとらわれない**ジェンダーフリーな思考**を持つ従業員が増えつつあることが、従業員と会社をめぐる立ち位置にも変化を招いています。会社の論理として、いかに「ジェンダーフリーな思考」を盛り込めるかどうかが、これからの労務管理の課題といえるかもしれません。

立場によって論理や考え方は異なる			
	男性的な思考	女性的な思考	ジェンダーフリーな思考
従業員の論理	・長期安定的に働きたい ・働きぶりや成果に応じて評価されたい	・家事や子育てと両立したい ・無理をせず自分のペースで働きたい	男性的な思考と女性的な思考のバランスをとって働きたい
会社の論理	・キャリアを積んで長く働いてほしい ・部下や後輩のまとめ役になってほしい	・上司や先輩をサポートしてほしい ・業績や景況に応じて働き方を見直したい	?

■■■ 会社も多様性を目指している時代

　さらに、今は会社も多様性を目指している時代ということができます。

　自律的な人材とかフロンティア精神という言葉は使い古された感がありますが、人手不足や不透明な景況、AIの飛躍的な進化や顧客構造の変化など、さまざまな外部環境によって、企業が従業員に個性や多様性を求める志向は弱まることはないと思います。

　以下の、**A：多様性を志向する従業員**や**C：多様性を求める会社**の象限に、いかに効果的にジェンダーの要素を位置づけられるかが求められているのかもしれません。

多様性にまつわる4象限	
A：多様性を志向する従業員	**C：多様性を求める会社**
・自分の個性を発揮したい ・組織や上司の論理に染まりたくない ・会社にとらわれないキャリアを目指したい	・自律的な人材を育てていきたい ・多様な個性によって組織を活性化させたい ・新たなアイデアや挑戦によって新規分野に取り組みたい
B：画一性を志向する従業員	**D：画一性を求める会社**
・指示された仕事だけやりたい ・出世や昇進に興味はない ・最低限の生活の安定を求めたい	・忠実な組織の一員であってほしい ・年功的な人事考課を運用していきたい ・創業の理念や社風を誠実に守っていきたい

ジェンダーを取り巻く労務管理のテーマ

　本書が対象とするジェンダーと労務管理を考えるにあたって、大まかなテーマとしては下表の内容が挙げられるでしょう。

　従来は、ジェンダーを取り巻くマイノリティのテーマとしては①女性が中心課題であり、昨今は②性的マイノリティをめぐる課題も広範に議論されつつありますが、③マジョリティの中のマイノリティはまだまだこれからの領域といえます。

　本書では、②性的マイノリティの労務管理を中心に据えつつ、①や③にも目配せしていきたいと思います。

ジェンダーを取り巻く労務管理の主なテーマ

①女性
・男性との間のジェンダーギャップの解消 ・育児・家事・介護などと仕事との両立 ・女性ならではの特性の発揮に向けて 　→採用、賃金、育児・介護休業、ハラスメント、配置など
②性的マイノリティ
・いわゆるLGBT（Q＋）の従業員の差別解消 ・社会的な偏見や偏った社内風土の改善への取り組み ・マイノリティの就業の新たな可能性の模索 　→採用、福利厚生、施設利用、ハラスメント、手当、休暇制度など
③マジョリティの中のマイノリティ
・男性を取り巻く生きづらさの問題 ・いわゆるノンバイナリー（Xジェンダー）問題 ・高齢者や若者などを取り巻くジェンダーの問題 　→採用、社内風土、キャリア形成、相談窓口など

そもそも 「ジェンダー」とは？

「ジェンダー」とは、生物学的な性別とは異なり、社会や文化が創り出す性差のことをいいます。1970年代の女性解放運動以降、ジェンダーの視点は重要性を増し、労働や産業の変化もジェンダー平等の注目を集める要因となりました。

■ ジェンダーは社会・文化が作るもの

ジェンダーとは、「社会や文化が創り出した（つまり人間が生み出した）性別」を意味する言葉であり、生物学的な性差を意味する言葉としてのセックスとは異なる意味合いを持ちます。

「男らしさ」や「女らしさ」が社会や文化によって作られたものであることは、世界の文化を見渡すとよくわかります。

例えば、中国雲南省の標高約2,700メートルに位置する湖周辺に住まうモソ族は、母系社会であり、子どもは必ず母方の家で育てられ、通い婚をする男性に求められるのは容姿や人柄で、経済力は求められない文化であることが知られます。

次ページ図のような事例を見ても、今の日本の常識、文化や風習が、必ずしも普遍的なジェンダー観とは限らないことが理解できるでしょう。

ジェンダーという視点は、1970年前後に女性解放運動や女性学の発展を契機に重要な意味を持つようになり、広まってきたと考えられます。

社会・文化的な活動を行う人間は、動物の雄・雌と異なり、生殖活

第 1 章 ジェンダーと労務管理の全体像

	男らしさ・女らしさの文化差				
	パプアニューギニア			**タヒチ**	**西マレーシア**
	アラペシュ族	ムンドグモール族	チャンブリ族	男女の性役割の区別が非常に少ない文化	セノイ族
♂	男女ともに平和的な気質	男女ともに攻撃的な気質	繊細で臆病。衣装に関心	男性も料理を日常的に行う	男女の区別がほとんどない
♀			頑固で管理的漁をして生活を支える	女性も外で働く	
⚧				マフの存在生物学的には男性ながら女性として育てられる	

※マーガレット・ミードによるニューギニア地域研究
作成：一般社団法人ジェンダーキャリアコンサルティング協会

動のためだけに男（オス）・女（メス）があるわけではありません。

　それにもかかわらず、なぜ「男らしさ」「女らしさ」が存在するので
しょうか？

　複雑な権利や利害が錯綜する人間社会において、ルール＝社会的な
約束事による規制（社会規範）が存在することは、他者との関係をスム
ーズにする役割があったと考えられます。社会規範のルールに従うこ
とで、お互いが暗黙のうちに了解しあっている関係を構築でき、**相互
の社会的な行為を「見通しよくする」ことができる**とも考えられるで
しょう。

　いま、ジェンダーをめぐるテーマが注目を集めるのは、労働形態や
産業の質の変化が目覚ましく、男性の肉体労働を中心とした製造業中
心の社会から、**情報やサービス中心のケア労働が重視される世の中に
変化してきたことも大きく影響している**といえるでしょう。

19

■■■ ジェンダーの固定化と労働におけるジェンダー格差

　ジェンダー規範は社会や文化が性別に基づいて期待する役割や行動に大きな影響を与え、長い間、多くの人に共有されてきました。

　女性に対して期待される性役割としては、**母親役割（母性）**、家事・育児などの**世話役割**、家族や職場での**関係調整役**、容姿や性的身体としての**魅力・美しさ**などが挙げられます。こうした期待される役割により、女性は心理的・身体的に抑圧されてきました。

　男性に対しては、**一家の稼ぎ手**として期待され、**強さ**、**逞しさ**、**勇気**、**リーダーシップ**などが求められます。**社会的な地位**や**職業上の成功**、**経済力**が「男としての価値」とみなされるため、自覚の有無にかかわらず、男性も性役割により縛られ、抑圧されてきました。

　日本語にもジェンダー固定化につながる表現があります。**「男の中の男」**といいますが、「女の中の女」とはいいません。**「女々しい」「女の腐ったような」**という表現がある一方、**「男を上げる」**という言葉があるなど、イメージの違いは大きいです。**「共働き」**も、男性は外で働き家族を養い、女性は結婚したら母や妻として家庭を守る役割を求められる中で生まれた表現といえます。

　ジェンダー規範と似た概念に**ステレオタイプ**（先入観）があります。**女性はSTEM分野**（Science〈科学〉、Technology〈技術〉、Engineering〈工学〉、Math〈数学〉）**に向いていない、政治分野のリーダーは男性のほうがふさわしい**、といった考え方があります。

　こうした数々の典型的な固定観念による男女像の違いも、労働における男女間格差の原因のひとつといえるでしょう。

そもそも
「LGBTQ」とは？

LGBTQという言葉が知られるようになり、ジェンダーとセクシュアリティの多様性への理解が深まっています。でも、その正確な意味や背景、LGBTQの人々がキャリアを築く上で直面する課題については、まだ理解が進んでいない部分もあります。

LGBTQを語る前に：性の在り方の4要素

LGBTQは、**L**esbian(レズビアン)、**G**ay(ゲイ)、**B**isexual(バイセクシュアル)、**T**ransgender(トランスジェンダー※)、**Q**uestioning(クエスチョニング)の頭文字を取った略語で、性的指向や性同一性が異なる人々を指す総称です。

これらのカテゴリー以外にも多様な性指向や性自認があり、LGBTを理解するためには「性の在り方の4要素」を押さえる必要があります（次ページ図）。**4要素の組み合わせにより、多種多様な性の在り方が存在する**のです。

※トランスジェンダーを「心の性別が体の性別と異なる」とすることがありますが、この表現は性別違和を表現するものであり、正確ではないので使わないことを推奨します。

なぜ、いまLGBTなのか？

2015年に国連は、国際社会が一致団結して"**誰ひとり取り残されることなく、人類が安定してこの地球で暮らし続けることができるように**"と世界のさまざまな問題を整理し、解決へ向けた具体的な目標を示しました。いわゆる**SDGs**（持続可能な開発目標：Sustainable Development Goals）です。

目標設定は17のカテゴリーに分けられており、そのうちの一つにジ

21

ェンダー平等が掲げられました。

「ジェンダーの平等を達成し、すべての女性と女児のエンパワーメントをはかる」として、多くの国でジェンダー平等を推進する法制度が整備されています。昨今では社会的な意識も変化しており、性別に基

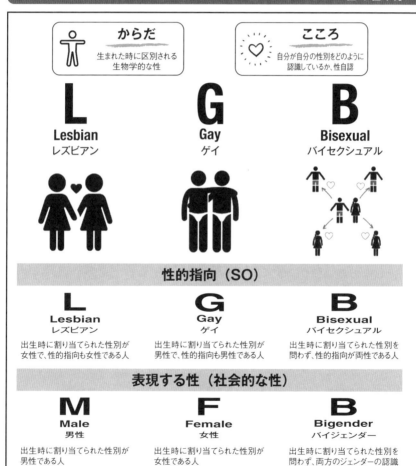

づく不平等や差別が許容されなくなっています。そして、性別にまつわる問題意識の代表として、**性的マイノリティの権利**が認識され、法的保護や社会的受容が進んでいます。ジェンダー規範の見直しは、すべての人々が自分らしく生きるための基本的要件なのです。

の4要素

すき
恋愛感情を持つ相手の性別。性的指向

表す
言葉づかい、しぐさなど。性表現

T
Transgender
トランスジェンダー

Q+

性自認（GI）

T
Transgender
トランスジェンダー
出生時に割り当てられた性別と身体的性もしくは表現する性が異なる人

Q
Questionning
クエスチョニング
自分の性別や性的指向を決められない、迷っている状態の人

Queer　クイア
元々は「変わり者」といった英語圏の言葉で、同性愛者に対して変という意味で使われていましたが、当事者たちがこれを肯定的に捉え直し、マイノリティ全体を繋ぎとめ、連帯へと導く働きとして使われるようになった。マイノリティの総称の意味もある

身体的性

I
Intersex
インターセックス
体の状態を指すもので、現在では「DSD：体の性のさまざまな発達」と呼ばれている

性的指向（LGB以外）

A
Asexual
アセクシュアル
無性愛者。同性だけでなく異性に対して恋愛感情を抱かない、性的指向にも向いていない

Pansexual
パンセクシュアル
あらゆる性別を好きになる人

Nonbinary ノンバイナリー
人間というものが、「男」か「女」というジェンダーの2項目のどちらかに明確にあてはまるという考えとは異なり、「バイナリー（2項）ではない」という概念。異性愛だけが愛／性的指向のかたちではないことが理解されると同時に、それまでの明確なジェンダーの二区分にあてはまらない人たちがいるという理解が広まる流れの中で生まれた言葉

一般社団法人ジェンダーキャリアコンサルティング協会が公表している図をもとに作成

そもそも
「ノンバイナリー」とは？

ジェンダーの多様性が認識されつつある現代社会において、ノンバイナリーという概念も広まりつつあります。しかし、まだ多くの人々にとってノンバイナリーはなじみのない言葉かもしれません。

■ ノンバイナリーとは何か？

「ノンバイナリー（nonbinary）」はあまり耳慣れない言葉ですが、**男性、女性のいずれか一方にとらわれないアイデンティティを持つ人**のことをいいます。

男女というバイナリー（2つの選択肢）に当てはまらないという意味であり、LGBTのような自分自身の性自認が定まっている典型的なマイノリティではなく、従来のジェンダーの枠組みに当てはまらないアイデンティティを持つ人を指し、広い意味ではクィア（Queer。23ページ参照）なども含めた概念と考えられます。

日本では**「Xジェンダー」**という言葉を使うこともあります。
「Xジェンダー」は、パスポートで男性（M）、女性（F）のいずれでもない「X」が使われることからできた和製英語です。
世界では2000年以上も前から**第三の性**が社会的に認められてきたインドを始めとして、アメリカや中南米、南太平洋の先住民など、かつてから男女どちらでもない人たちが認められてきた歴史もあります。

ノンバイナリーの中には、**ジェンダーフルイド**（gender fluid：自分のジ

ェンダー定義を明確にせず、その時々によって性自認が変わること）も含まれています。呼び方がたくさんあるので混乱する人もいるかもしれませんが、用語の意味も人によって変わるときがあるので、発言する人に出会ったら、その人の考えを尊重するのがベストでしょう。

　歌手の宇多田ヒカルさんが2021年6月にインスタ配信ライブで自身がノンバイナリーだと明かしたことは、この言葉が注目されるきっかけになりました。

　英国圏では、ティーンエイジャーを中心に、「he（彼）」でも「she（彼女）」でもない、**ただ「自分」という存在がある**という主張もされています。また、米国カリフォルニア州では、2019年1月にノンバイナリーを自分の性別として選択できる法律「California Gender Recognition Act（SB179）」も施行されています。

■ ノンバイナリーの人々が直面するキャリア上の課題

　多くの職場では、ジェンダーに関する理解が二元的であり、ノンバイナリーの存在は認識されていません。そのためノンバイナリーの人々は自己表現が難しく、具体的な課題としては以下のような点で精神的ストレスを感じることがあります。

・トイレや更衣室の使用
トイレや更衣室が男女に分かれているため、ノンバイナリーの人々にとって利用が難しい場合があります。
・名前や敬称の使用
公式文書や日常的なコミュニケーションで、誤った名前や敬称が使われるとき、ノンバイナリーの人々にとって大きな負担となります。
・昇進や評価の際の偏見
ノンバイナリーの人々は昇進や評価の過程で無意識のバイアスに直面することが多く、公正な評価が行われにくい場合があります。

ジェンダーフリーが広まる
時代背景

「ジェンダーフリー」とは、ジェンダーにとらわれずに個性や資質に合った生き方をしたいという考えのことをいいます。こうした発想が、職場に与える肯定的な側面も評価していきたいものです。

■■■ 「ジェンダーフリー」はブームではない？

「ジェンダーフリー」（gender-free）とは、「性による社会的・文化的差別をなくすこと。ジェンダーにとらわれず、それぞれの個性や資質に合った生き方を自分で決定できるようにしようという考え方」（『大辞泉』）の和製英語であり、類義語としてSDGsでは**「ジェンダー平等」**（gender equality）が提唱されています。

2006年に男女共同参画局が「ジェンダーフリー」をめぐる事務連絡を発出して以降、行政文書での使用は控えられていますが、若者を中心に従来の性別役割規範にとらわれない考え方や行動様式が増えつつある傾向を示す言葉として、ここでは平易な言い回しである「ジェンダーフリー」を用います。

職場においてジェンダーフリーな思考や行動を求める人が増えているのは、単に有名人や社会的に影響力のある人にならった一過的なブームというよりは、ジェンダーをめぐる社会規範や役割意識が大きく変化している潮流を受けた現象だといえます（次ページ表）。

社会背景から振り返るジェンダーフリー

①女性の社会進出

- 夫（世帯主）への経済的依存度の低下
- キャリアの蓄積による選択肢の増加
- 役職者、ベテラン社員の増加による組織風土の変化

②性的マイノリティへの社会的配慮

- 国や自治体、民間による啓発活動の普及
- アライ^(※)の増加による社会的気運の醸成
- 個性や特性を活かした成功事例の共有

③男性の社会・経済的変化

- 育児や家事など家庭役割の増加
- 相対的な経済的優位性の低下
- 価値観の多様化による勤労観の変化

④ファッションや自己表現の多様化

- ジェンダーレスなファッションの普及
- メンズコスメや多様な表現の普及
- 若年層の恋愛観の変化

⑤テクノロジーの進化による機会平等

- テレワークや時差勤務などの普及
- 技術進化などによる筋肉労働の減少
- AIの進化による労働の在り方の変化

※アライ（Ally）…味方の意味。LGBTQであってもなくても当事者たちに共感し寄り添いたいと思う人

■ 企業はジェンダーフリーとどう向き合うか？

　直接的であれ間接的であれ、従業員のジェンダーフリー化が進むと、企業の労務管理の在り方にも影響が出てきます。

「服装や身だしなみといった外観的な変化でなければ問題はないのでは？」と考えがちですが、典型的な日本企業では、男女が異なる役割意識のもと、暗黙のうちに別々のコミュニティを担っているため、第三極的なジェンダーフリーの従業員の存在は、コミュニケーションの疎外や業務効率の悪化、ハラスメントの発生などを招いてしまうこともあります。

企業の担当者としては、適宜、**ジェンダーフリーの在り方への肯定的な視点を持つことが大切**といえるでしょう。

「ジェンダーフリー」が職場に与える肯定的な側面

- 異性に苦手意識を持たずにコミュニケーションがとれる
- 周囲から疎外されている人の気持ちに寄り添うことができる
- 特定のコニュニティや派閥などに染まらない
- 過度の忖度をせずに自分の思いや考えを表明できる
- 均質的・画一的な組織風土や運営の盲点を認識しやすい
- 異なる文化や属性に対する偏見や差別意識が弱い
- 異性のカルチャーの良さを取り入れる柔軟さがある
- ドレスコードの変革や男女の格差是正の推進役になれる
- アライとしてマイノリティ支援の活動がしやすい
- 合併や吸収、事業転換、大量離職などの環境変化に対応できる
- 一人で黙々と作業を続ける忍耐力がある人が多い
- 一定の素養でハラスメントの対応窓口になれる可能性がある

第 1 章　ジェンダーと労務管理の全体像

雇用社会における
マジョリティとマイノリティ

日本の雇用環境をめぐるマジョリティとマイノリティの格差は、国際的にも依然として大きいといえます。社会が変化する中で、マイノリティを取り巻く課題の今後について整理していきましょう。

■ なかなか埋まらない男女間の格差

雇用社会においては、**男性＝マジョリティ、女性＝マイノリティ**という時代が長らく続いてきました。

管理職（課長相当職以上）に占める女性の割合は12.7％で、**部長相当職以上がいる企業は約1割、課長相当職以上がいる企業は約2割程度**にとどまっています（2022年度「雇用均等基本調査」、厚生労働省）。

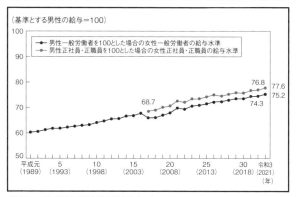

男女間賃金格差の推移

（備考）1．厚生労働省「賃金構造基本統計調査」より作成。
2．10人以上の常用労働者を雇用する民間事業所における値。
3．給与水準は各年6月分の所定内給与額から算出。
4．一般労働者とは、常用労働者のうち、短時間労働者以外の者。
5．正社員・正職員とは、一般労働者のうち、事業所で正社員・正職員とする者。
6．雇用形態（正社員・正職員、正社員・正職員以外）別の調査は平成17（2005）年以降行っている。
7．常用労働者の定義は、平成29（2017）年以前は、「期間を定めずに雇われている労働者」、「1か月を超える期間を定めて雇われている労働者」及び「日々又は1か月以内の期間を定めて雇われているもののうち4月及び5月に雇われた日数がそれぞれ18日以上の労働者」、平成30（2018）年以降は、「期間を定めずに雇われている労働者」及び「1か月以上の期間を定めて雇われている労働者」。
8．令和2（2020）年から集計方法が変更されている。
9．「賃金構造基本統計調査」は、統計法に基づき総務大臣が承認した調査計画と異なる取り扱いをしていたところ、平成31（2019）年1月30日の総務省統計委員会において、「十分な情報資料があれば、結果数値はおおむねの妥当性を確認できる可能性は高い」との指摘がなされており、一定の留保がついていることに留意する必要がある。
出所：男女共同参画局ホームページ

29

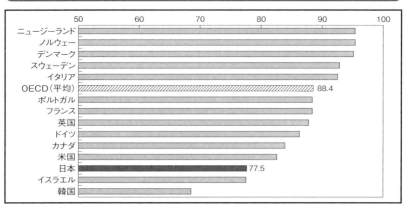

（備考）1. OECD "OECD. Stat" より作成。
2. ここでの男女間賃金格差とは、フルタイム労働者について男性賃金の中央値を100とした場合の女性賃金の中央値の水準を割合表示した数値。
3. イスラエル、フランスは平成30(2018)年、イタリア、デンマーク、ドイツは令和元(2019)年、それ以外の国は令和2(2020)年の数字。
出所：男女共同参画局ホームページ

　また、男性の一般労働者の給与水準を100としたときの男女間賃金格差は74.8となっており、**男女間の賃金格差は国際的に見て大きい状況にある**といえます（令和5年賃金構造基本統計調査　結果の概況）。

障害者や性的マイノリティの現状

　令和5年度障害者雇用実態調査によると、令和5年5月の障害者をとりまく平均賃金は、身体障害者23万5千円、知的障害者13万7千円、精神障害者は14万9千円、発達障害者は13万円となっており、全体的に障害者雇用の進展が進んでいるものの、**さらなる待遇改善が必要**だといえます。

　性的マイノリティについては**比較可能な全体的なデータが乏しい**ですが、大阪市民調査から見た性的指向・性自認と賃金との関係では、

基準カテゴリーを比較した平均時給は、出生時女性の場合、非異性愛者は－10.4％、トランスジェンダーは－6.0％、出生時男性の場合、非異性愛者は－27.4％、トランスジェンダーは－17.1％だとされます（平森大規「日本における性的指向・性自認に基づく社会経済的地位の不平等」）。

■■■ マイノリティを取り巻く変化

雇用におけるマジョリティとマイノリティの格差は、マイノリティ当事者の人権や生活基盤、社会的地位をめぐる深刻な問題をはらんでいますが、それだけではなく従来のマジョリティが変化しつつある社会の趨勢の中で、さらなる課題も内包しつつあります。

マイノリティを取り巻く昨今の課題
- 性別役割意識や家族の在り方の変化によって、社会全体がシングルインカム型からダブルインカム型のモデルに移行している
- AIの急速な発展や普及によって、従来のマジョリティの雇用・就業の在り方が大きく変化していく
- マイノリティが持つ多様性や個性が、従来のマジョリティの弱みや盲点をカバーし得る手段が徐々に進歩していく

女性活躍推進を進める
労務管理

職場における女性活躍推進とジェンダーギャップの解消は優先度が高い
テーマといえますが、その実現には多くの困難も立ちはだかっています。
具体的な取り組みの現状について整理してみましょう。

■ ジェンダーギャップと女性活躍推進

　毎年話題になる「ジェンダーギャップリポート」(世界経済フォーラム)
では、日本は146か国中118位とされ (2024年)、特に「経済」や「政治」
分野では男女の格差が大きいことから、**ジェンダーギャップ後進国**だ
とされています。

　「異性がうらやましい」と回答した女性は約9割、男性は約6割とす
る調査もあり(「日常の悩みとジェンダーギャップとの関連性調査」、株式会社Insight
Tech、株式会社SHeStands)「家事の負担」や「育児や子育て」などの項目
で、女性の負担感や不満が高いことが示されています。

　男女雇用機会均等や同一労働同一賃金が後押しされる中で、子育て
や教育をめぐる社会規範は今なお健在だといえ、**良くも悪くも「男ら
しさ」「女らしさ」という性別役割の考え方が根強い**といえます。

■ 女性活躍推進が急務とされる背景

　男女雇用機会均等法や育児・介護休業法、次世代育成対策推進法な
どが相次いで改正・強化され、雇用における女性活躍の推進や男女格
差の是正への取り組みがはかられている背景には、次のような課題が

あります。いずれも、これからの日本の雇用環境を考える上で不可欠なテーマといえるでしょう。

女性活躍推進が急務とされる背景

- 少子高齢化の加速により労働力の不足が深刻化しており、経済成長と女性の労働参加が進まないと現在の経済規模の維持が困難
- 性別役割意識をめぐる社会的な偏見や固定観念が根強く、採用や配属、キャリアアップなどで正当な評価を受けない場面が多い
- 国際的に見て男女間の賃金格差が大きく、女性管理職の割合も低いことから、十分な経済力や影響力を持てない
- 出産や育児を理由に離職した女性の再就職が難しく、適職に向けたスキルアップや受け入れ体制にも課題がある

職場の女性活躍推進に向けてさまざまな取り組みが行われていますが、代表的なものとしては以下のような方向性があります。

具体的な取り組みの方向性

- ポジティブアクション採用や再雇用制度の整備、ワークライフバランスの取り組み強化によって、女性の採用比率を高める
- 女性が少ない部署への積極的な配置や全部署への女性総合職の配置、ジョブローテーションの実施によるキャリアアップの強化
- 育児短時間勤務制度や事業所内保育所の整備、男性の育休取得促進などの推進により、仕事と育児・介護の両立支援を促進
- 労働時間の削減、年次有給休暇等の取得促進、在宅勤務制度などの充実、個人の価値観や家庭環境に応じた柔軟な働き方の推進
- トップメッセージの発信や職場内研修の充実、ハラスメント防止対策の徹底によって、女性活躍推進に向けた職場風土を醸成

"有害な男らしさ"と
労務管理

ジェンダーギャップが問題とされている日本は、同時に男性の幸福度が低い国でもあります。男性学の考え方に学ぶ中で、男性と女性の"トライアングル"の関係について整理してみましょう。

ジェンダーギャップの中の「男の生きづらさ」

日本はジェンダー平等後進国だといわれますが、OECDの「幸福度白書」によると、ネガティブな感情バランスの男女格差において、**日本は主要国で唯一、男性のほうが女性よりもネガティブな感情バランスを感じることが多い国**とされます。

統計を見る限りでは、日本は「男性よりも女性の幸福度が高い国」ということができます（OECD（国際協力開発機構）の幸福度調査の最新版（How's Life 2024））。

「男らしさに関する意識調査」（電通総研、2021年）でも、「最近は男性のほうが女性よりも生きづらくなってきていると思う」という設問に「とてもそう思う」「そう思う」と回答した人の割合は、18〜70歳のすべての世代で50％を超えており、**「生きづらい」と感じる男性が過半数を占めています**。今の社会での男性の率直な認識が表れていると考えられるでしょう。

男性と女性をめぐる"三角関係"

男性が社会で抱える悩みや問題を扱う学問として**男性学**があります。

男性学の代表的な研究者である、オーストラリアの社会学者、レイウィン・コンネル氏は、従来から男性＝マジョリティ、女性＝マイノリティという構図で描かれてきたジェンダーについて、"男性の複数性"という見方を導入することで、**覇権的男性性**と**従属的男性性**という概念を打ち立てました。

この"トライアングル"の構図は、あえて誤解を恐れずにドラえもんの登場人物にたとえるなら、①ジャイアン（覇権的男性性）、②のび太くん（従属的男性性）、③しずかちゃん（女性）です。

リーダーとして十分に「男らしさ」を発揮するジャイアンは、「男らしさ」をあまり発揮せず"弱者"にとどまるのび太くんを支配することで、しずかちゃんに対して相対的に優位なポジションを誇示できるという構図です。

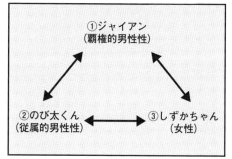

男性と女性をめぐる"トライアングル"

出所：ロバート・W・コンネル『ジェンダーと権力』より模式化

「男らしさ」と企業における労務管理とは、どのような関係になるのでしょうか。

従来は、男性社員には「男らしさ」が求められ、相対的に女性をリードする役割が求められる場面が多かったといえますが、現在は男女が等しい関係で充実した職場づくりを推進する中で、**行き過ぎた「男らしさ」への目配せが求められる時代**だといえます。

男性が持つ本来の特性・特徴と、過剰な男性性との間のバランス感覚を鍛えていく必要があるといえるでしょう。

高齢者雇用と
労務管理

人生100年時代の労務管理として、高齢者雇用の促進は急務といえます。
高年齢労働者の安全と健康確保をめぐる課題や、「デジタル・ディバイド
問題」について整理してみましょう。

▰▰▰ 高齢者雇用への対応の必要性

　企業において65歳までの雇用が前提とされる社会となり、さらに70歳までの就業機会の確保が求められる中で、**高齢者雇用の促進と現実的な労務管理への対応は急務**といえます。

　内閣府の調査によると、今後も「収入の伴う仕事をしたい（続けたい）」と回答した人は、60〜64歳で73.3％、65〜69歳で51.0％と半数を超えており、アメリカやドイツなどの諸外国と比較しても高齢者の就労意欲は高いことがうかがえます（令和2年度 第9回高齢者の生活と意識に関する国際比較調査結果）。

　また、年金受給者のうち、就業している人の割合は男性31.4％、女性17.8％、65〜69歳では男性58.3％、女性39.9％となっており、実際に多くの人が70歳まで就業を続ける時代となっています（老齢年金受給者実態調査、令和4年）。

　企業側の事情においても、採用難の深刻化や熟練労働者の不足などの状況が続くことで、高齢者雇用の促進が求められており、**人生100年時代の労務管理として優先度の高いテーマ**といえます。

36

第 **1** 章 ジェンダーと労務管理の全体像

■■■ 実際の労務管理上のテーマ

60歳以上の雇用者数は過去10年間で1.5倍に増加していますが、一方で、**労働災害発生率は若年層に比べて高い状況**にあり、労働災害による死傷者数も増加傾向にあります。

令和2年に公開された「高年齢労働者の安全と健康確保のためのガイドライン」では、高齢者雇用に求められる具体的な取り組み課題が示されています。

高齢者雇用に求められる具体的な取り組み課題	
①安全衛生管理体制の確立	経営トップによる方針の表明、具体的な取り組み事項の決定
②職場環境の改善	身体機能の低下を補う設備の導入、作業内容などの見直し
③高年齢労働者の健康や体力の状況の把握	定期健康診断の確実な実施、体力チェックなどの継続化
④高年齢労働者の健康や体力の状況に応じた対応	労働時間短縮や作業の転換など、心身両面の健康保持増進措置
⑤安全衛生教育	作業内容やリスクなどの教育、管理監督者などに対する教育

高齢者雇用の促進にあたっては、**「デジタル・ディバイド問題」**への対応も重要です。デジタル・ディバイドとは、「情報通信技術（IT）の恩恵（特にインターネット）を受けることのできる人とできない人の間に生じる経済格差」をいいますが、60～69歳の10.6％、70歳以上の36.8％がスマートフォンやタブレットを「利用していない」と回答しています（情報通信機器の利活用に関する世論調査、令和5年）。

その理由としては、「どのように使えばよいかわからないから」が51.0％を占めることから、企業内における**高齢者を対象としたIT教育やソフト面の環境整備が急務**といえるでしょう。

37

Z世代を活かす
労務管理

Z世代の労務管理をめぐって、深刻な悩みを抱える上司や先輩社員が増えています。Z世代に特有の特徴や傾向について理解を深めつつ、現場における労務管理のポイントについて考えてみましょう。

■■■■ Z世代との関わり方がわからない？

Z世代の部下との関わり方がわからないという上司や先輩が増えています。物心ついた頃から先端的なテクノロジーやデジタル技術に触れていたZ世代は、昭和生まれの世代とはそもそもの価値観や感受性が異なるようです。

「人生において優先度の高いもの」を尋ねたアンケート調査によれば、「仕事」は第2位から第6位へと下がっており、**ワークライフバランスのうち「ライフ」を大切にする価値観への変化が顕著**です。「家族」が優先される傾向は変わりませんが、「仕事」は減少し続けており、その分、「自分」「趣味」が増加しています。

一方で、Z世代は**社会的課題解決に対する興味関心が高い**という調査結果もあります（「Z世代のSDGsと消費に関する意識調査」SHIBUYA109 lab. 2022年）。

日本が力を入れて取り組むべき課題の1位は「ジェンダー平等」、多くの企業が取り組むべき課題の1位は「働きがいと経済成長の両立」という結果が出ています。

意識調査から見えてくるＺ世代の特徴

日本がより力を入れて取り組むべき課題		多くの企業が取り組むべき課題	
1位	ジェンダー平等を実現しよう (42.8%)	1位	働きがいも経済成長も (34.8%)
2位	貧困をなくそう (41.3%)	2位	ジェンダー平等を実現しよう (32.5%)
3位	働きがいも経済成長も (39.5%)	3位	すべての人に健康と福祉を (29.5%)
4位	すべての人に健康と福祉を (35.8%)	4位	つくる責任つかう責任 (29.3%)
5位	質の高い教育をみんなに (34.8%)	5位	貧困をなくそう (27.0%)

「Ｚ世代のSDGsと消費に関する意識調査」SHIBUYA109 lab. 2022年

　「Ｚ世代は理由や目的を告げないと動かない」といわれていますが、逆にいえばＺ世代が不可解なわけではなく、**理由や目的を知らずとも集団原理で働き続けてきた世代に対する、ある種の抵抗**なのかもしれません。

■ Ｚ世代の労務管理のポイント

　Ｚ世代の特徴としては、ワークライフバランスを重視し、多様な価値観を認め合い、社会的なテーマへの関心が高いことが挙げられます。ソーシャルメディアに代表される他者からの承認や評価などの承認欲求が強く、自分の価値観や意見を中心とした自己表現の場を重要だと認識していることから、以下のような点に配慮することが大切といえるでしょう。

> **Ｚ世代の労務管理のポイント**
> ・最初に業務が持つ意味や何を目指しているのかを明確に伝える
> ・デジタルツールの有効活用、オンラインでの意思疎通の奨励
> ・1 on 1の関係で、本人の意思や内なるメッセージを見逃さない
> ・柔軟な働き方実現のため、テレワークや変形労働時間制を導入
> ・指示や指導などは、フラットな視点で冷静かつ論理的に伝える
> ・明確な評価基準や賃金制度のもとにフィードバックの仕組み

LGBTQを活かす
労務管理

ひとことでLGBTQといっても、それぞれの属性や実態によって、職場における具体的な困りごとや課題は多種多様です。LGBTQに対する企業の労務管理のフローを考えてみましょう。

■■■ LGBTQの雇用上の問題点

　性的マイノリティのことをLGBTQという括りで説明することが多いですが、性的指向（SO：Sexual Orientation）をめぐるカテゴリーであるL（レズビアン）、G（ゲイ）、B（バイセクシュアル）と、性自認（GI：Gender Identity）をめぐるカテゴリーであるT（トランスジェンダー）、Q（クエスチョニング）とでは、職場における困りごとや労務管理上の問題点もまったく異なります。

　LGBでは、基本的には就業時間中の行動や表現を取り巻く問題は起こりにくく、**家族構成をめぐる制度や福利厚生面などが問題となりがち**なのに対して、**TやQ**では、**勤務中の服装や言動、職場における人間関係全般が問題となるケースが多い**といえます。

L（レズビアン）、G（ゲイ）、B（バイセクシュアル）をめぐる課題
・家族構成、扶養親族、身元保証人などの届出や手続き
・家族手当、慶弔休暇、福利厚生など制度の利用
・カミングアウトによる昇進・昇格や顧客対応などの不利益

T（トランスジェンダー）、Q（クエスチョニング）をめぐる課題
・服装、髪型、アクセサリー、言葉遣いなどの性表現
・トイレ、更衣室、男女別のリクリエーションなどの区分
・職場における人間関係やハラスメントなどの差別的扱い

LGBTQを活かした労務管理

LGBTQに対する労務管理として企業が取り組むテーマには、企業の方針策定や相談体制、周知啓蒙、福利厚生、トランスジェンダーへの対応などがあります。

当事者が職場環境に求める課題として、**同性パートナーをめぐる手当や休暇制度**、企業における**差別禁止規定**などを求める声が多く、トランジェンダーでは、トイレや更衣室などの**施設利用上の配慮**が挙げられます。

具体的には右図のように、①～④で体制の構築をはかりつつ、個別的対応を目指していく流れが一般的といえるでしょう。

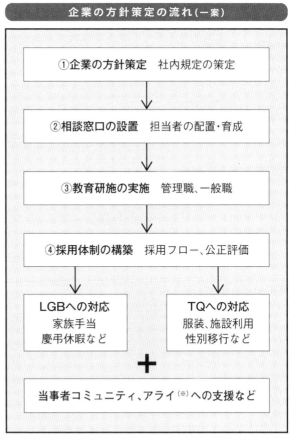

※アライ（Ally）…味方の意味。LGBTQであってもなくても当事者たちに共感し寄り添いたいと思う人

ノンバイナリーを活かす
労務管理

今までの企業における労務管理は、性別二元論が前提となってきました。これからはノンバイナリーの人たちが持つ積極的な側面を活用した向き合い方についても、前向きに考えていきたいものです。

■■■ 「ノンバイナリー」という存在を認めることから始める

　ほとんどの人が疑問にも思わないことですが、従来の労務管理は圧倒的に**性別二元論**を基礎に成り立っています。

性的指向性自認の

		見た目は？ （外見や行動）	どんな身体？ （身体の性）	どう思っている？ （性自認） ※1	誰が好き？ （性的指向） ※2
シスジェンダー	A.	男	男	男	女
	B.	女	女	女	男
レズビアン（女性）	C.	女	女	女	女
ゲイ（男性）	D.	男	男	男	男
トランスジェンダー（女性）	E.	男	男	女	男
	E2.	女	男	女	男
	E3.	男	男	女	女
トランスジェンダー（男性）	F.	女	女	男	女
	F2.	男	女	男	男
	F3.	男	女	男	男
異性装	G.	女	男	男	女
	H.	?	?	?	?

42

第 1 章　ジェンダーと労務管理の全体像

　「男らしさ」や「女らしさ」の規範が、どこまで浸透しているかは職場の方針や企業文化などによってもさまざまですが、少なくとも、男性と女性とはまったく異なる存在であり、基本的に相容れることはないという考え方に立っています。

　そもそも**ジェンダーは"グラデーション"**であり、典型的男性と典型的女性を両極として、実際には男性的な要素と女性的な要素が多様に入り交ざっているのが通常であり、極端な例でなければ磁石のＳ極とＮ極の違いのような概念ととらえるのは適切ではありません。

　職場における**アンコンシャス・バイアス（無意識の思い込み）**を見直

さまざまなパターン

性分化疾患（DSD）の問題

※1　**性自認の在り方もさまざま**
　Xジェンダー／ノンバイナリー
　・性別がない　・性別がわからない
　・性別を決められたくない
　ジェンダーフルイド　性別が揺れ動く
　バイジェンダー　どちらの性別でもある

※2　**誰を好きになるかもさまざま**
　アロマンティック　恋愛感情がわからない
　アセクシュアル　性的な関心がわからない

※3　**身体の多様性の課題**
　性分化の疾患（DSD）の問題は分けて考える

そうという取り組みがさまざまな職場で行われていますが、今なお男女に対する偏見や固定観念が根強いことにより、"白組"と"紅組"のいずれにも属したくない人、場合によって所属意識が変化する人、どちらにも親和性を感じる人などの存在が置き去りにされていることの裏返しなのかもしれません。

　まずは、どの職場でも、「ノンバイナリーの存在がいても当たり前だ」と認め合っていくことからスタートしていきたいものです。

出所：一般社団法人ジェンダーキャリアコンサルティング協会

■■■ 男女の"架け橋"役を目指して

　職場においては、男性と女性の利害が対立したり、発想や考え方がすれ違うような場面が多く存在します。

　例えば、仕事の進め方をめぐる価値観、ワークライフバランスをめぐる考え方、服装や食事などをめぐるとらえ方など、職場において、典型的な男性と女性とで意見や行動が分かれる場面では、ノンバイナリーの人の発想や感性が生きることも少なくありません。

　従来は、ノンバイナリーのような存在はあまり認識されておらず、どちらかというと消極的な評価が強かったといえます。

　これからの時代は、人間類型のひとつとして積極的に位置づけることで、**男性と女性のどちらか一方に偏らない第三の立場として、両者の"架け橋"役になり得ます。**

　これからの労務管理の現場では、「差別禁止」という守りの発想から、「個性活用」という攻めの発想へと柔軟に目線を切り替えていくことも大切といえるでしょう。

第 2 章

募集・採用・労働契約

募集・採用の全体像①

募集・採用において、いわゆるマイノリティの人たちが持つ特徴や会社から見たプラス面などを整理した上で、募集・採用の基本フローや、募集時・採用時の注意点などをしっかりと理解しましょう。

■ 募集・採用の基本的な流れ

企業が従業員を募集・採用する場合の基本的な流れは、以下の通りです。

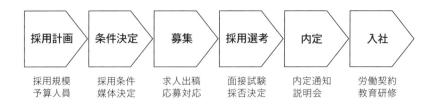

正社員、パートタイマー、契約社員などの雇用形態、あるいは女性、高齢者、若者、性的マイノリティなどの属性によって留意すべきポイントがありますが、まず上記フローを押さえておきましょう。

募集・採用というと、求人票や求人メディアへの出稿、面接や採用試験の採用選考に目がいきがちです。しかし、採用後の従業員のキャリアや部門管理などを考える上で、**最重要ポイントとなるのが経営計画の中で求める人材像を明確にしてから行う採用計画や条件決定**です。

このポイントを押さえていない募集・採用は、内定や入社の手続きにおいて従業員の属性ごとの問題が顕在化したり、トラブルに発展することも少なくありません。

かつては、「正社員・新卒・男性」に対する採用ニーズが

従来型の基幹人材と比べたメリット・優位性	
女性	地域密着型で働きたいと考える人が多い 周囲にきめ細かな配慮ができる人が多い キャリア志向より安定を求める人が多い
高齢者	豊富な職業経験を活かすことができる 人間関係の課題解決力が高い人が多い 賃金と年金を併給しながら働くことができる
若者	新規事業や環境変化に柔軟に対応できる デジタルリテラシーが高い人が多い 中長期的なキャリアが描きやすい
性的マイノリティ	ぶれない自己目的を持っている人が多い ジェンダーを超えた共感力が期待できる 少数意見の代弁者になれることが多い

強かった時代もありましたが、少子高齢化の進展やミスマッチの増加などによる慢性的な人材不足に加え、**従来型の基幹人材の枠にとどまらない多様な人材の活躍**が求められる時流の中で、女性、高齢者（定年後）、若者（既卒、非学卒）、性的マイノリティなどの特性を活かした採用戦略が求められています。

募集・求人の方法と種類

企業が労働力を求める方法には、さまざまな種類があります。

そもそも会社が雇用する労働者なのか、請負や委託などの形態をとるのか、直接雇用か間接雇用の人材派遣によるのかに始まり、募集・求人の方法も、自社による募集なのか、職業紹介の仕組みを用いるのか、自社の場合は、ハローワーク、求人メディア、自社メディアなど、方法は多岐に渡ります。

多様な人材を募集・求人する場合は、**従来から主流とされる直接雇**

用、正社員、自社求人といった形態にとらわれず、**請負・委託や派遣などの形態、職業紹介の仕組みなども有効活用**したいものです。

　最近は性的マイノリティの採用に特化した求人メディアも複数存在し、当事者の就活に向けたフォローに取り組み、求職者のニーズに応えるマッチングが進められているほか、派遣労働者として就業することで職場におけるコミュニケーションが最小限に抑えられ、疎外感なく働くことができるケースも見受けられます。

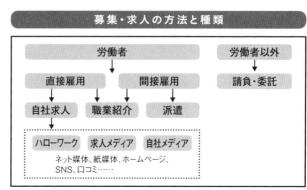

■ 履歴書と応募時の提出書類

　履歴書については、性別などにとらわれない公正な採用選考への理解を深める取り組みの一環として、令和3（2021）年に厚生労働省から履歴書様式例が公表され、事業主への普及・啓発が進められています（次ページ上図参照）。

　「性別」は採用選考にあたって基準としてはならない要素であり、「性別」を理由に採用する・しないを判断することは「合理的な基準による採用選考」に反することになります。

　応募時の提出書類としては、一般的には次ページ下表のものが求められるケースが多いです。

第 2 章　募集・採用・労働契約

厚生労働省が令和3年に公表した履歴書様式例

①性別欄の〔男・女〕の選択を廃止し、任意記載欄とした（未記載とすることも可能）

②「通勤時間」「扶養家族数（配偶者を除く）」「配偶者」「配偶者の扶養義務」の各項目を廃止

　昨今では紙ベースで提出するだけでなく、フォームから入力して**エントリーシート**を送信するようなケースも増えていますが、求人者、求職者双方にとって**便利で効率的な反面、データの取り扱いや個人情報の管理などについて新たな課題も発生**しがちです。

応募時の提出書類の例
・履歴書
・職務経歴書
・資格証明書
・健康診断書（○月以内に受診したものに限る）
・病歴申告書

　健康診断書は採用時の提出書類とされることが多いですが、合理的・客観的に必要性が認められる場合であれば、応募時に求めても差し支

えないと考えられます。

　トラックやタクシーの運転手など変則的な勤務が求められる場合や、一定の重量物に携わる作業を伴う就業などの場合などがこれに該当するでしょう。

　また、前職の退職理由が疾病やケガの場合などには、現状の確認の意味で提出を求めることもあります。**応募者が性的マイノリティの場合**には、ホルモン療法や性別移行のための医療を受けていることがあるため、応募時に健康診断書の提出を求めたり、**健康状態を確認したりする場合には十分な配慮が必要**といえるでしょう。

■■■　募集時と採用時の明示事項

　募集時、採用時には、それぞれ労働条件の明示が義務づけられています。業務内容や契約期間、就業場所のように共通する項目も多いですが、異なる項目もありますので、確実に押さえておく必要があります。

　2024年４月から**採用時の業務内容が変更される可能性がある範囲の明示**が追加されましたが、エリア限定の条件で募集していた条件が、その後の経緯によって変更された場合はトラブルになりかねませんので、くれぐれも注意してください。

　「女性は転勤を嫌がる」「若い男性はいとわずに全国を飛びまわってくれるはず」といった偏見を持つことは厳に避けるべきです。

募集時の労働条件の明示事項（職業安定法第5条の3第2項）

①業務内容（変更の範囲）
②契約期間（契約の更新の有無、更新上限）
③試用期間
④就業場所（変更の範囲）
⑤就業時間
⑥休憩時間
⑦休日
⑧時間外労働（裁量労働制を採用している場合はその時間数）
⑨賃金（みなし残業代〈いわゆる「固定残業代」〉を採用する場合はその具体的内容）
⑩加入保険（雇用保険、労災保険、厚生年金、健康保険など）
⑪受動喫煙防止措置
⑫募集者の氏名・名称
⑬派遣労働者として雇用する場合（「雇用形態：派遣労働者」と記載）

採用時の労働条件の明示事項（労働基準法第15条第1項）

①契約期間
②有期労働契約を更新する場合の基準（上限の定め）
③就業場所、業務内容（変更の範囲）
④始業・終業の時刻、所定時間外労働の有無、休憩時間、休日、休暇、就業時転換
⑤賃金（決定、計算、支払い方法、締切り、支払時期）、昇給
⑥退職（解雇の事由）
⑦退職手当
⑧臨時に支払われる賃金、賞与など
⑨労働者に負担させるべき食費、作業用品費など
⑩安全衛生
⑪職業訓練
⑫災害補償、業務外の傷病扶助
⑬表彰、制裁
⑭休職
⑮無期転換申込み、無期転換後の労働条件の内容

＊①〜⑥（②は契約更新する場合があるとき）は書面で必ず定めなければならない絶対的必要記載事項（⑤のうち昇給は除く）、⑦〜⑮は、制度がない場合は必ずしも明示しなくてもよい相対的必要記載事項）

51

募集・採用の全体像②

採用選考にあたっては、求人者が守らなければならない基本的な考え方があります。それらを確実に理解した上で、いわゆる性的マイノリティに関わる留意点について整理しましょう。

■■■ 採用選考の基本的な考え方

採用選考は応募者の適性・能力のみを基準として行うことが基本であり、求人職種の職務を遂行できるかどうかを基準として採用選考を行うことが求められます。

当然のことながら、**合理的な募集の要件に該当する人であれば、あらゆるマイノリティにも等しく門戸を開く**必要があります。「男性のみ」などと性別を限定した求人も原則としてできません（男女雇用機会均等法によるポジティブアクションを除く）し、必要以上に性別二元論に立った募集もできる限り避けるべきといえるでしょう。

応募者に結婚の意思などを尋ねることがタブーなのはいうまでもありませんが、配偶者の経済状況や家庭における役割分担、将来の親族の介護の可能性などに触れるべきではありません。

また、戸籍上の家族でない同居者の存在を否定的にとらえたり、人生観や尊敬する人物などに照らして「男らしさ」「女らしさ」を誘導したりするような質問をすることも避けなければなりません。

採用選考時には、次ページ表のような**本人の適性や能力に関係がない事項の記載や質問は適切ではありません**。

52

採用選考時における不適切な質問の例

本人に責任のない事項

- 本籍・出生地に関すること（「戸籍謄（抄）本」や本籍が記載された「住民票（写し）」を提出させること）
- 家族に関すること（職業、続柄、健康、病歴、地位、学歴、収入、資産など。家族の仕事の有無・職種・勤務先などや家族構成はこれに該当）
- 住宅状況に関すること（間取り、部屋数、住宅の種類、近郊の施設など）
- 生活環境・家庭環境などに関すること

本来自由であるべき事項（思想信条にかかわること）

- 宗教に関すること
- 支持政党に関すること
- 人生観、生活信条に関すること
- 尊敬する人物に関すること
- 思想に関すること
- 労働組合に関する情報（加入状況や活動歴など）、学生運動など社会運動に関すること
- 購読新聞・雑誌・愛読書などに関すること

■ 採用の自由とマイノリティ

　企業には採用の自由がありますから、性別（男女雇用機会均等法）や障害者（障害者雇用促進法）などの法律の規定に触れない限り、どの人をいつ採用するかは独自の判断で決定することができます。

　書類審査→筆記試験→一次面接→最終面接（役員）の流れで、一次面接までまったく同等の評価であったAさんとBさんが、最終面接である役員の意見によってAさんが採用、Bさんが不採用と決まったとしても、もちろん何の問題もありません。

ところが、最終面接に残ったＢさんが性的マイノリティであった場合はどうでしょうか。

　エントリーシートでも履歴書でも性別記載が求められず、一次面接でも高評価されたＢさんが、戸籍上、女性で男性の服装をしており（心の性別が男性で身体の性別が女性の「トランス男性」か、自分の性自認がどちらの性別にもはっきりと当てはまらない、または当てはめたくない「ノンバイナリー」かを問わず）、その事実に違和感を覚えた役員が不採用とした場合、この判断自体は適法だと考えられますが、Ｂさんに対して**マイノリティであることによる差別的な言動を取ることのないよう、一定の配慮が必要**でしょう。

　具体的には、面接試験において質問する項目はあらかじめ標準化しておき、役員に人事担当者が同席するなど複数の面接官が対応し、面接記録をフィードバックする仕組みとすることで、**主観による差別的な言動を排除する**ことが考えられます。

性的マイノリティと個人情報

　個人情報保護法では、機微（センシティブ）情報が**「要配慮個人情報」**とされ、不当な差別や偏見、その他の不利益が生じないように、取り扱いに特に配慮が必要とされています。

　性的マイノリティである事実はこれに該当しないとされ、LGBTであることがわかる証明書等、LGBTであることを公的に認められた事実、公的には認められていないLGBTである事実は、要配慮個人情報ではありませんが、**性同一障害の診断の事実やその治療歴は要配慮個人情報に該当**します。

　パワハラ指針では、**性的指向や性自認は「機微な個人情報」に該当**

するものと位置づけられており、2023年のプライバシーマーク（JIS Q 15001）の運用指針改定でも、**「個人情報に、性生活、性的指向又は労働組合に関する情報が含まれる場合には、当該情報を要配慮個人情報と同様に取り扱うこと」**が追加されています。

企業の雇用管理において性的指向や性自認をめぐる個人情報は十分に注意した取り扱いを行うことが必要でしょう。

パワハラ指針
（事業主が職場における優越的な関係を背景とした言動に起因する問題に関して雇用管理上講ずべき措置等についての指針〈令和２年厚生労働省告示第５号〉）
- 労働者の性的指向・性自認や病歴、不妊治療等の機微な個人情報について、当該労働者の了解を得ずに他の労働者に暴露すること（「個の侵害」に該当すると考えられる例）
- 相談者・行為者等のプライバシーには、性的指向・性自認や病歴、不妊治療等の機微な個人情報も含まれる

募集・採用にあたって収集すべきでない情報

性的指向に関する情報	性自認に関する情報
・恋愛対象やパートナーの有無 ・結婚願望やそれに基づく将来設計 ・家族構成や家族との関係	・服装やアクセサリーなどの好み ・言葉遣いや日常的に出る癖 ・「男らしさ・女らしさ」の価値観の強要

面接時の質問や選考過程でのやりとりでも触れるべきではない！

人手不足と
求人戦略

少子高齢化による深刻な人手不足の現状について認識した上で、そうした状況を打開する可能性のあるマイノリティに向けた求人戦略を考え、マッチングの視点について検討してみましょう。

慢性的な人手不足とマイノリティ雇用

　日本の労働力人口は、2022年の6,902万人から、2030年に6,556万人、2040年に6,002万人に減少すると見込まれています。

　一方で、成長実現・労働参加進展のモデルでは、2030年に6,940万人に増加した後、2040年に6,791万人に減少すると試算されており、経済

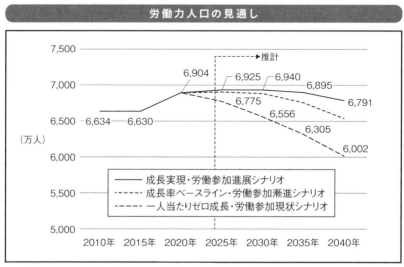

労働力人口の見通し

出所：2023年度版　労働力需給の推計（速報）、労働政策研究・研修機構

成長と、労働市場への**女性**や**高齢者**などの参加が期待されています。女性や高齢者のさらなる労働参加が、彼ら彼女たち自身の人生に光を与えるとともに、日本全体の将来像を左右する大きな要素であることは間違いありません。

　人口の８％を占めるともいわれる**性的マイノリティ**の人たちの就業も、一定の影響を与える要素だと考えられます。

　LGBTなどの当事者は就職活動や就業にあたって多くの悩みを抱えており（「令和元年度職場におけるダイバーシティ推進事業〈労働者アンケート調査〉」三菱UFJリサーチ＆コンサルティング）、求人者や雇用者が正しい認識を持って雇用機会を与えたり、差別や偏見なく就業できる雇用環境づくりに取り組むことで、従来以上に**生産性向上や付加価値の創出に寄与する可能性を秘めている**といえるでしょう。

■■■ マイノリティに向けた求人戦略

　採用した従業員が３年以内に離職することを、**「早期離職」**といいます。

　厚生労働省が令和５（2023）年10月20日に公表した「新規学卒就職者の離職状況（令和２年３月卒業者）」によると、早期離職は高校卒約37％、短大卒約42％、大卒約32％とされ、企業の採用や人員配置、営業活動などに大きな影響を与えています（次ページ表）。

　早期離職の理由としては、やりがいの欠如や人間関係、給与

新規学卒就職者の離職状況 （令和2〈2020〉年3月卒業者）	
中　学	52.9%（▲4.9P）
高　校	37.0%（+1.1P）
短大等	42.6%（+0.7P）
大　学	32.3%（+0.8P）

出所：厚生労働省「新規学卒就職者の離職状況（令和2年3月卒業者）」

への不満、将来への不安などが挙げられ、広い意味での**ミスマッチ**が大きな要因になっていると考えられます。

　早期離職の現状は企業や部署によって異なるとはいえ、このような状況を打開していくためには、**従来のマジョリティ志向に集中した求人戦略を見直し、マイノリティへの目線もフラットに盛り込んでいく姿勢が大切**といえるでしょう。

新規学卒就職者の事業所規模別就職後3年以内離職率 （　）内は前年比増減		
事業所規模	高校	大学
5人未満	60.7%（+0.2P）	54.1%（▲1.8P）
5〜 29人	51.3%（▲0.4P）	49.6%（+0.8P）
30〜 99人	43.6%（+0.2P）	40.6%（+1.2P）
100〜499人	36.7%（+1.6P）	32.9%（+1.1P）
500〜999人	31.8%（+1.7P）	30.7%（+1.1P）
1,000人以上	26.6%（+1.7P）	26.1%（+0.8P）

出所：厚生労働省「新規学卒就職者の離職状況（令和2年3月卒業者）」

　求人戦略を打ち出す上では、ターゲットとなる求職者を具体的にイメージすることが重要です。どんな属性の人の活躍を期待するかによって、効果的な求人内容の伝え方や媒体が変わることがあるからです。さらには、入社後のミスマッチをいかに防ぐかという視点からも、ターゲットを意識する発想は必要でしょう。

　ただし、それ以前に大切なのは、**「本当にそのターゲットが最適なの**

か？」という問いをスタートラインに置くことです。

　男性ばかりの職場の営業職の求人で、思い切って女性を採用したところ、有能で素晴らしい成績をあげている例はたくさんあります。体力が必要な業務だから50代までしか採用できないと思っていた職場で、70歳の人が活躍しているケースも珍しくありません。

　性的マイノリティの人については、まだまだ理解が不足している採用担当者や経営者が多いかもしれませんが、**「もし応募があったら、そのとき判断しよう」ではなく、「もしかしたら、この職種で活躍できる人がいるかも」という発想を排除しないことも大切**です。

　時代は、「世間でマイノリティとされている人を採用したら企業の信用に関わる」という段階から、「多様な個性を持つ従業員の能力をありのままに発揮させている企業が評価される」という段階へと、確実に変わっているかもしれません。

マイノリティとのマッチングの視点を大切に！
- 女性の少ない職種・職場であっても、その女性がより向いている仕事があるのでは？
- 高齢者が今まで以上に活躍できるポジションは？
- 未経験の若者が誰よりもやりがいを感じてくれるのは？
- 性的マイノリティのその人が前向きになれる部署は？

女性活躍推進と
募集・採用

男女雇用機会均等法のポジティブアクションの具体例を見た上で、女性活躍のための採用体制づくり、実際の取り組み事例、えるぼし認定、プラチナえるぼし認定についてまとめてみましょう。

■■■ ポジティブアクションを有効活用する

　男女雇用機会均等法では、募集・採用において性別を理由とする差別を禁じています。募集・採用の対象を男女のいずれかに限定したり、男女で異なる求人条件としたり、採用選考において男女で異なる取り扱いをすることは、すべて違法です。さらに以下のようなケースも、合理的な理由がない場合には**間接差別**となります。

間接差別の例
- 労働者の身長、体重または体力を要件とする
  （事実上、平均的な男性と女性では、体格や体力が異なる）
- 転居を伴う転勤に応じることができることを要件とする
  （従来の性別役割規範では、女性が転勤に応じることが難しいケースが多い）

　ただし、男女間の事実上の格差を解消する目的で募集や採用で女性に有利な条件を付けることは合法であり（男女雇用機会均等法第8条）、**ポジティブアクション**として認められています。

「ポジティブアクション」とは？
社会的・構造的な差別によって不利益を被っている者に対して、一定の範囲で特別の機会を提供することなどにより、実質的な機会均等を実現することを目的として講じる暫定的な措置のことをいう。

この場合は、①募集職種の会社における女性割合が4割以下、②男女の均等な機会や待遇の確保の支障となっている事情、③格差を解消し、女性の活躍を推進する目的の3点をすべて満たす必要があります。ポジティブアクションによる求人の記載例を以下に示します。

「ポジティブアクション」求人の記載例

- 女性大歓迎（ポジティブアクションによる募集のため）
- 営業職（女性限定。男女雇用機会均等法第8条に基づき、女性従業員の割合が相当程度少ない現状を積極的に改善するための措置として、女性に限定した採用を行います）
- 募集人員1名（女性専用求人。均等法第8条に該当する、ポジティブアクションのための特例措置。男性7名、女性1名）

ポジティブアクションにはさまざまな手法がありますが、一般的には以下に3分類され、企業の事業内容や取り組み課題、企業風土などに応じて効果的な方法を採用することが求められています。

「ポジティブアクション」の主な手法

①指導的地位に就く女性等の数値に関する枠などを設定する方式

クオータ制（性別を基準に一定の人数や比率を割り当てる手法）等

②ゴール・アンド・タイムテーブル方式

指導的地位に就く女性等の数値に関して、達成すべき目標と達成までの期間の目安を示してその実現に努力する手法

③基盤整備を推進する方式

研修の機会の充実、仕事と生活の調和など女性の参画の拡大をはかるための基盤整備を推進する手法

■■■■ 女性活躍推進のための採用体制づくり

　女性の採用やキャリア登用を進めるためには、以下の囲み記事で示したように、女性社員が実際に活躍する姿を企業パンフレットやホームページで紹介したり、採用担当者や面接官、採用選考の実施者の中に女性を登用することが効果的だと考えられます。

　従来から女性社員の比率が相当低かったり、製造・建設・運輸など典型的な男性の体力が求められたりしがちな業種業態では、**リアルな女性社員の声を積極的に発信していく**ことも大切でしょう。

取り組みの例

- 企業パンフレットに女性の先輩社員の写真とコメントを掲載
- 新卒者向け採用ホームページに女性の先輩社員のインタビュー記事を掲載
- ホームページに女性社員が多く活躍する部署の仕事内容について、対談形式で仕事内容を紹介する記事を掲載
- 企業説明会で、管理職に登用された女性社員が登壇して実体験を講話
- 企業説明会の登壇者は基本的に男女同数になるように人選
- 採用面接者は半数を女性社員が担当するルールを確立

■■■■ えるぼし認定やプラチナえるぼし認定

　企業が従業員の仕事と子育ての両立のための雇用環境の整備、多様な労働条件の整備などに取り組むにあたって、①計画期間、②目標、③目標達成のための対策や実施時期を定めたものを、**一般事業主行動計画**といいます（従業員101人以上の企業は、策定・届出、公表・周知が義務）。

　この取り組みの実施状況が優良であるとして一定の要件を満たした場合には、**えるぼし認定やプラチナえるぼし認定**が付与されます。

プラチナえるぼし認定	えるぼし認定

えるぼし認定企業のうち、取り組みの実施状況が特に優良であるなど、一定の要件を満たした場合に認定。一般事業主行動計画の策定・届出が免除される。	一般事業主行動計画の実施状況が優良であるなど、一定の要件を満たした場合に認定。5つの基準の実施状況によって、1段階目から3段階目があり、それぞれ認定マークが異なる。

高齢者活用のための
募集・採用

従業員の定年制度や高年齢者就業確保措置の仕組み、高齢者雇用を推進するための具体的な方法や事例について考えた上で、高齢者雇用に取り組む企業のメリットについてまとめてみましょう。

■■■ 高齢者雇用をめぐる法律

従業員の定年を定める場合は**60歳以上**とする必要があり（高年齢者雇用安定法第8条）、定年が65歳未満である場合は、①65歳までの定年の引上げ、②65歳までの継続雇用制度の導入、③定年の廃止のいずれかを講じる必要があります（同法第9条）。

令和3（2021）年からは、**70歳までの就業機会の確保**に努める高年齢者就業確保措置が施行されており、企業には人生100年時代に対応した高齢者雇用への取り組みが求められています。

高齢者の採用への積極的な取り組みは、法律が求める内容であることに加えて、従業員がそれまでに培った豊富な経験・知識・人脈などの活用、他の社員への教育・啓蒙、対外的な信用の向上、人材不足への対応など、さまざまなメリットがあります。

具体的な高齢者採用の方法・事例には、次ページ上表のようなものがあります。

```
高齢者雇用の方法
①定年後の継続雇用・再雇用
②関連会社・グループ会社などからの採用
③中途退職者の再雇用
④一般求人（ハローワーク、求人メディア、自社サイト、SNS、口コミなど）
⑤職業紹介事業者の活用
⑥派遣労働者の活用
⑦請負・委託契約の活用
```

　①～③は自社に関連のある人材からの採用、④⑤は新規に直接雇用する場合、⑥⑦は直接雇用以外の選択肢となります。

　企業の人事施策の一環として、①②は実施しているケースが多いですが、③の**中途退職者の再雇用**は取り組み事例としてはそれほど多いとはいえません。しかし、企業規模や社風によっては有望な選択肢となり得るかもしれません。

　具体的には、中途退職した退職者名簿をデータベースとして管理する中で、定年年齢前後のタイミングで定年後再雇用の仕組みに準じた採用情報を提供したり、個別にアプローチを試みる方法となります。

　退職時の事情やその後の会社との関係に左右される部分が大きいですが、一般的に定年後の雇用形態が大きく変化する日本の雇用慣行の中で、一定の成果を挙げている事例もあります。

　派遣労働者は、派遣法によって同じ事業所や部署で受け入れられる期間は最長3年（抵触日）までとされていますが、**60歳以上の派遣労働者には派遣法の3年ルールは適用されない**ため、3年を超えて受け入れることができます。

期間制限には、派遣先事業所単位の期間制限と派遣労働者個人単位の期間制限の2つがありますが、いずれも60歳以上の派遣労働者には適用されないため、期間の制限なく派遣労働者を活用することが許されます。

■■■ 高齢者雇用の助成金制度

　高齢者雇用に取り組むメリットのひとつとしては、生涯現役で働ける社会の構築を目指す国策の一環として、一定の要件に該当するケースには、高齢者の雇用促進や雇用環境改善に対する助成金などの優遇措置が受けられる点が挙げられます。

　主な制度としては、**特定求職者雇用開発助成金**があります。
　特定求職者雇用開発助成金は、高齢者や障害者など一般的に就職が困難とされている人を継続して雇用することを前提として雇い入れた場合に支給される助成金ですが、**60歳以上65歳未満**の高年齢者を採用した場合は原則として対象となります（特定就職困難者コース）。

特定求職者雇用開発助成金の主な支給要件

①ハローワークまたは民間の職業紹介事業者などの紹介により雇い入れること
②雇用保険一般被保険者または高年齢被保険者として雇い入れ、継続して雇用することが確実であると認められること
　支 給 額　60万円　＊中小企業以外は50万円
　対象期間　1年（30万円×2期）＊中小企業以外は25万円×2期

第 2 章 募集・採用・労働契約

Ｚ世代を活かす
募集・採用

Ｚ世代の募集・採用を考える上で、昭和生まれ（X世代）と平成生まれ（Ｚ世代）の違いについて概観し、Ｚ世代の採用に向けての効果的な取り組みや、採用後のフローについて見ていきましょう。

■ Ｚ世代の意識は下がっているのか？

「Ｚ世代の考え方がわからない」「最近の若者は昔と比べてレベルが下がった」という声を耳にします。いつの時代も、若者は時世と外部環境の変化などによって常に現実と向き合いながら、新たな傾向や特徴を帯びていると考えられます。

令和4（2022）年に発行された金間大介著『先生、どうか皆の前でほめないで下さい　いい子症候群の若者たち』（東洋経済新報社）では、人前でほめたり、自分で判断させることが忌避される一方、お互いが助け合う仲間内意識が高く、ボランティア精神も旺盛であることが指摘されています。

採用を考える上では、こうした実情への目配せも大切です。

昭和生まれ（X世代など）	平成生まれ（Ｚ世代など）
・まあまあ競争志向が強い	・あまり競争したくない
・経済力や肩書がほしい	・自分の時間を大切にしたい
・まずは現実を追求したい	・社会に役立つ仕事がしたい
・適度に他人に合わせられる	・ストレス耐性が低い
・常識や過去のいきさつを重視	・自分の道筋で合理的に考える
・自分の影響力で周囲に貢献	・助け合うチームワークを重視
・同じ属性の中で共感力が高い	・多様性への理解が高い
・コミュニティ共通の価値観	・個性的な価値観を持つ
・リアルや電話を重視	・SNSやチャットを重視

67

経営層の考えや先輩社員の声を発信

　今は会社が求職者に向けてYouTubeなどの動画で情報発信するのが普通の時代です。若者は、経営理念などについて熱く語る経営者のリアルな姿を見て何かを感じ、将来自分が働く会社に何を求めるのかを考え、いくつもの事例と出会うことで価値観の幅を広げていきます。**好きなときに何度でも経営者のナマの声が聞けるツール**は、Z世代の特徴に見合った効果をもたらす可能性を秘めています。

　採用活動における動画の導入は、実際の**職場環境**がイメージできたり、先輩社員のインタビューや対談などが公開されることでリアルな**人間関係**を感じる機会にもなります。特に求職者と先輩社員などがチャット機能を通じてコミュニケーションをはかれるような点は、今までにないプラス効果といえるでしょう。

事例：サイボウズ株式会社
https://www.youtube.com/@cybozushikiit1015/videos

▰▰▰ 採用後のきめ細かな面談が大切

　採用した人材を定着させるためには、ミスマッチの防止が何よりも大切です。従業員が短期間で退職する主な原因は、職場の人間関係の悪化や想像した仕事像との乖離にあります。
　ミスマッチというと、マッチングがうまくいくか否かの問題と考えがちですが、入社後の会社側の取り組みや従業員との向き合い方によって事後的に起こるケースも少なくありません。

　会社（上司や同僚）が従業員を深く理解することも大切ですが、それ以上に<u>会社のことをよく知ってもらい、仕事の内容や在り方を理解してもらうことが重要</u>です。
　そもそも労使関係は対等であることが本質ですが、自分で合理的に考え、チームワークを重視する傾向が強いＺ世代に対しては、「お互いを知り合う」というプロセスが欠かせません。いいところも悪い部分も素直にさらけ出して、背伸びをせずにありのままに語り合う場が自然なコミュニケーションを生み、定着促進にもつながると考えられます。
　具体的には、採用当日の面談、１週間後、初休暇（連休など）前、１か月後、３か月後のスパンで、それぞれの時点において入社前に抱いていたイメージとのギャップを語り合いながら、その後のキャリアを一緒に考えていく流れが好ましいといえるでしょう。

定期的に語り合うことが大切！

マイノリティと
募集・採用の横断理解

採用の自由の考え方の原則について確認した上で、公正選考におけるマイノリティをめぐる採用問題について考え、実際の採用面接時の留意点やチェックポイントについてまとめてみましょう。

採用の自由と企業の権利

　企業には、原則として採用の自由があります。どの時期に、何人の労働者を採用し、どのような契約を交わすかは、使用者の裁量に属することであり、一定の法律に触れる場合を除き、

> **採用の自由とは？**
> ●採用人数を決める自由
> ●採用基準を決める自由
> ●雇用契約を締結する自由
> ●調査を実施する自由

求職者や第三者から介入を受けることはありません。

　一方で、労働者の解雇には制約があり、客観的に合理的な理由があり、社会通念上相当なものでなければ、**権利濫用による「不当解雇」**になるほか（労働契約法16条）、30日前に予告をするか、解雇予告手当（30日分以上の平均賃金）を支払わなければなりません（労働基準法20条）。

　日本の労働法では、労働者を採用して労働契約を締結すると、解雇権濫用法理により、使用者の判断で解雇することが難しいため、労働者を慎重に人選するための「採用の自由」が広範に認められています。その前提として採用に伴う一定の調査を実施することも可能であり、採用選考の場面で、採否の基準となる事項を質問したり、外部に委託して求職者の重要な経歴を調査することもできます。

■■■ マイノリティを不採用とする可否

　企業が採用にあたってマイノリティを排除することができるかというと、もちろんそうではありません。

　2023年に施行された**LGBT理解推進法**では、事業主に対し、性的マイノリティなどの労働者の理解増進にあたって、普及啓発や就業環境の整備、相談の機会の確保などの努力義務を課し（6条）、研修の実施や普及啓発、就業環境に関する相談体制の整備などの措置を求めています（10条）。

　厚生労働省の「公正な採用選考をめざして」でも、以下のように採用選考や面接にあたっての留意点が指摘されており、マイノリティであることのみを理由とした採用選考からの排除や、不採用の判断を行うことは許されません。

「公正な採用選考をめざして」（厚生労働省、令和6年度版）

採用選考 ▶ LGBTという理由で避けるのではなく、「人を人としてみる」」ことを念頭に、個人の尊厳に関わる問題として尊重し、性的指向・性自認にかかわらず、適性や能力に基づいた公正な採用選考を行うよう、心がけてください。

面接 ▶ 応募者の中にLGBTの方も当たり前に存在するということを意識した面接を行いましょう。カミングアウトをしていない応募者のなかにも、LGBTの方は一定数いるため、誰に対しても同様の配慮が必要です。

　採用選考にあたって、求職者の外見が履歴書などに記載された性別と異なって見えるような場合、顧客などが違和感を抱く可能性や、ほかの従業員などへの影響などを考慮して、本来の採用プロセスを経ることなく不採用としたり、そのことのみを理由として選考結果を出す

ことは、結果として**公正な採用選考に反する**ことになります。

　ケースによってはそのことを不満とする求職者から異議の申し立てや、不法行為に基づく損害賠償が請求されることも考えられます。

　この点については、トランスジェンダーであることにより不利益を被った原告に対して、損害賠償の請求が認容された裁判例などが参考になるでしょう。

```
トランスジェンダーに損害賠償請求が認容された裁判例
・浜名湖カントリークラブ事件
　（静岡地浜松支判平成26・9・8、東京高判平成27・7・1）
・Y交通事件
　（大阪地決令和 2・7・20）など
```

■ 実際の面接時に注意すべき点

　採用選考にあたっての面接は、求職者と直接接触することで、本人の性格や適性、人間性や価値観、モチベーションなどをリアルにとらえることができる絶好の機会であり、書類審査や採用試験から導かれる定量的な要素を、定性的な要素によって補完・補充することができます。

　コロナ禍以降はオンライン面接などを併用するケースも増えていますが、採用・人事部門が採用選考のフローの中で最も重点的に取り組む場面であることは間違いありません。

　面接は、求職者と採用担当者が双方向型でコミュニケーションをとることに意義がありますが、それゆえに担当者の無理解や偏見、配慮不足によって、結果的に求職者の人権を傷つけ、マイノリティに対す

る差別を助長することにつながってしまうこともあります。

　このような状況は採用選考における不公正やミスマッチを招いてしまうだけでなく、コンプライアンス意識や人権感覚の欠如が問われることで、企業全体の信頼性を傷つけることにもなりかねません。

　面接時におけるマイノリティに対する意識や配慮としては、以下のような点に留意する必要があるでしょう。

こうした質問に要注意！
求職者の「見た目」について質問する
例：見た目は男性のように見えますよね？
男性（女性）らしい服装を前提とした質問をする
例：男性のみだしなみについてどう思いますか？
履歴書やエントリーシートの性別記載に必要以上に触れない
例：履歴書には男性にチェックが入っていますよね？
「男らしさ」「女らしさ」を前提とした質問をする
例：結婚したらバリバリ稼いでいきたいと思いますか？
業務に関係のない性的指向や性自認に関わる質問をしない
例：現在、ホルモン療法などを受けていますか？
担当者にのみ明らかにした事実を他に広言しない
例：この前の面接では○○といっていたよね？
性的マイノリティへのネガティブな印象をほのめかす
例：有名人の××（マイノリティ）は面白いよね？

73

マイノリティと
採用トラブルの横断理解

採用選考時における性別や氏名の記載に関するトラブルや、求職者に対する調査をめぐるトラブル、社会保険や労働保険の手続きにおける性別記載のルールについて、概要を整理してみましょう。

▨▨▨ 履歴書やエントリーシートをめぐるトラブル

　厚生労働省の履歴書様式例では性別が任意記載欄とされていますが、性別欄が記載された履歴書様式や性別にチェックを求める形態のエントリーシートは現在も見受けられます。**「男／女」の選択を必須項目とし、チェックを入れないと応募できない仕組みは公正選考の観点から問題**だといえますが、「男／女／その他」といった記載を必須項目とすることも望ましくありません。

　求職者に男性、女性の区分について申告を義務づけることは、戸籍上の性別と性自認が異なる場合や、見た目の服装などが社会通念上の価値観から見て多様な受け止めがされ得る場合には、採用選考の流れに混乱を招くことにつながりかねません。
　また、ノンバイナリーと認識する人にとっては男女の区別自体が一つのハードルとなりがちであり、「その他」という区分にも抵抗感を持つケースが少なくないでしょう。

　実際に、性的マイノリティの求職者が、エントリーシートの「氏名」欄（必須項目）に「姓」のみを入力し、「名」は未記載のまま応募してき

たとしましょう。

　応募内容の不備を理由にエントリーを受け付けなかったり、書類審査において不合格とすることもありますが、この場合は公正選考の観点からの問題とともに、求職者が抱える事情にまったくアクセスできずに事実上の門前払いをすることで、結果として有望な人材を逃すというケースも起こりかねません。

　また、面接を行う場に、「名前をたずねる→本人が事情を語る→性自認などの話題となる→マイノリティへの配慮を欠いた発言」の流

性別や氏名の記載への対応
• 性別欄を任意記載とした履歴書様式を用いる
• エントリーシートの性別欄は任意項目とする
• 氏名欄は「姓」のみのエントリーも認める
• 面接では性別や性自認についての質問は避ける
• ノンバイナリーの存在も認めた対応を心掛ける
• 男女別の制服や施設利用などは採用後に対応する

れになりかねないので、十分な注意が必要といえるでしょう。

　労基法で男性、女性ごとの制限が課せられている重量物を扱う業務（労基法62条など）などを除き、**採用選考時に必要以上に男性、女性の区別にとらわれる必要はない**といえ、従来の男性＝現場・総合職、女性＝事務・一般職といったイメージを引きずった雇用慣行を見直していくことが大切です。

▰▰▰　求職者に対する調査をめぐるトラブル

　採用にあたっての調査では、履歴書やエントリーシートに記載された内容の事実関係や過去の経緯について正確かどうかを確認します。調査の結果、経歴などの重要な事実に詐称があった場合には、就業規則などの懲戒事由に基づいて懲戒処分の対象となったり、雇用契約自

体が解約されるケースもあります。

ただし、求職者の同意を得ずに
業務の適性や能力と直接関係のな
い事項について、プライバシーを
侵害するような調査を行った場合
は違法と判断されることもありま

```
具体的な調査項目
• 本人確認
• 経歴や職歴（雇用証明）
• 学歴や資格（学歴証明、資格証明）
• 犯罪歴
• 交通違反歴
• 過去のトラブル
• 性格や人間性
```

す（警視庁警察学校事件、東京地裁平成15年5月28日）。

「性格や人間性」などは企業にとっては重要な関心事ですが、知り得
た情報などから**性的指向・性自認**について触れたり、**服装や価値観、**
コミュニティなどから本人の人間像を想像することは、採用時におけ
るトラブルにも発展しかねないでしょう。

■■■ 社会保険や労働保険における性別

従業員を採用したときは、要件に従って社会保険や雇用保険に加入
することになります。これらの手続きにあたっては、氏名、生年月日、
性別（社会保険の資格取得届では種別）、個人番号（マイナンバー）などの項目
がありますが、いずれも事実上は性別を記載することが求められます。

マイノリティの中には、**いずれかの性別を記載することに抵抗感を**
持っている人もいるため、採用後の手続きについても不用意に進める
と思わぬ反発やトラブルを招くこともあります。

ある企業では、住民票記載事項証明書に記載された性別と、会社が
求める様式に本人が記載した性別（性自認）が異なることを採用担当者
が不安に思い、本人に直接確認しようとしたところ、その様子が間接
的に社内に伝わり、本人が意図しない方向で噂が広まるなど、トラブ

ルに発展しかねない動きが起こってしまいました。

　基本的には社内の書式には性別の記載欄を求めることはせず、**提出書類の取り扱いには厳重な規制をおく**ことが必要でしょう。

（採用決定者の提出書類）
第〇条　従業員として採用された者は、初出社の日までに次の各号の書類を提出しなければならない。ただし、会社が提出を要しないと判断した場合には、一部について提出を免除することがある。
(1) 個人番号カードの写し等、個人番号および身元確認のために会社が必要と認める書類
(2) 年金手帳の写しおよび雇用保険被保険者証（前職がある場合）
(3) 源泉徴収票（採用された年に他から給与所得を受けていた場合（中略）
　2　在職中に1項各号の提出書類の記載事項に変更が生じたときは、その都度速やかに届け出なければならない。
　3　会社は、1項各号で提出された書類を人事労務管理以外の目的で使用してはならず、その目的のための事務に携わる者以外に漏らしてはならない。
　4　前項の守秘義務に反した場合は、個人情報保護規程の規定が適用されるほか、第〇条の規定に基づく懲戒処分の対象となる。

多様性を活かす
労働契約の在り方

マイノリティがマイノリティゆえの個性を活かして職場でイキイキと働くためには、労働契約の在り方も重要な要素となります。多様な働き方の具体例について紹介します。

職務限定契約

　従事する業務内容が就業期間を通じて限定される職務限定契約は、特定のスキルを磨いて職場に定着することを目指す働き方としては最適です。

　マイノリティの職場における悩み事として、職場における服装・身だしなみや周囲からの視点などが挙げられますが、**職務内容を絞り込むことで一定のリスク回避ができる**と考えられます。

　経理職やIT技術者などの専門職では職務内容を限定した契約が多く見られますが、例えば同じ経理職でも「○○部門における××ソフトを用いた仕分け、月次決算の作成・補助業務」のようにより限定した形態が望ましいでしょう。

勤務地限定契約

　就業場所が限定されて転勤がない勤務地限定契約は、従来からいわゆる一般職やエリア社員、契約社員などではよく見られましたが、令和6（2024）年の労働基準法改正で注目されています。

職場における人間関係や他人との価値観の相違などで苦しむことが多いマイノリティにとっては、基本的に**同じ人間模様の中で仕事に打ち込むことができる働き方**だと考えられます。

　募集・求人の段階で、職場で活躍している従業員のインタビューなどを動画やSNSで紹介したり、マイノリティの活躍を後押しする企業ポリシーなどをしっかりと示すことも大切といえるでしょう。

短時間正社員

　短時間正社員は、従来は育児休業明けの時短勤務などで活用されることが多かったといえますが、短時間労働者への社会保険の適用拡大が進む中で、新たな意義を持つケースも増えつつあります。

　体調に不安を抱えていたり、性別移行などの事情で長期的に医療機関を受診している場合などでは、**正社員としての業務内容と生活リズムとを両立できるメリットがある**と考えられます。

派遣契約

　雇用と使用が分離した働き方である派遣契約は、職場における**会議や行事、日常的な飲み会に参加することなく、純粋に業務だけに向き合いたいと考える人にとってはメリットのある働き方**です。

　ドレスコードや社内での慣習などについて、ある程度の自由度が認められるケースもあることから、実際に専門職などを中心にマイノリティの人が活躍している例も少なくありません。

■ 請負・委託契約

　請負契約や委託契約はそもそも雇用契約ではないので、労働法で規定された労働者としての保護を受けません。

　最低賃金や年次有給休暇、賃金の支払い、解雇に関する規制の対象外であることから、会社の論理に振り回されがちというデメリットがありますが、逆に**労働者にはない幅広い自由度がある**ので、ありのままの個性を貫くことで仕事を自分流に染め上げる人もいます。

男性社員にお伝えしたいこと
～入社・配属・転勤～

とても堅苦しい時代が来たと思いませんか？ 職場で男性が男性、女性が女性の輪をつくることもはばかられるご時世。でも、決して肩ひじを張らずに対等の人間として向き合っていきたいものです。

■ 堅苦しい時代で肩身が狭いよ……と思っていませんか？

あなたの職場に新人社員が入社しました。あなたはどのようにその人を迎え、接しますか？ 何に関心を持ちますか？ 思わず、**「次の新人さんは男性？ 女性？」**と聞いてみたくなるかもしれません。

本書をここまで読んできて、こんなことを思っていませんか？ 新人の性別を尋ねちゃいけないなんて、堅苦しい時代がやってきたな。実際に姿を見たら、見た目の恰好からは、どっちなのかわからない人もいる。男性は男性の輪をつくり、女性は女性の輪をつくるのが職場を活性化させる第一歩のはずでは？ 肩身が狭いよ……。

でも、知っておいてほしいのです。世の中がジェンダーにうるさくなってきたのは、「多数派（マジョリティ）の力が弱くなって、少数派（マイノリティ）の力が強くなったから」ではない。社会では、少数派が「多数派の論理」に抑圧されていること、そして、**変化に富む時代を「多数派の論理」だけで弾力的に乗り越えていくことは難しい**という現実があることを！

新人さんと接するときは、ぜひ男性か女性かという目線を脇において、**どこまでも「その人」と向き合ってあげてください**。「男性という箱」「女性という箱」のいずれかに入るという発想をいったん忘れ、その人が何を求めどう行動するかを見守ってあげてください。これは相手が誰であっても必要なスタンスだと思います。

■ 何気ないひとことが人間関係を壊す

　今までの日本の雇用慣行では、知らず知らずのうちに**男性が「標準」で、女性が「例外」**という建てつけになっています。だから、男性が入社すると「仲間」が増えた喜びから、「飲みに行こう」と誘ったり、つい「うわさ話の輪」に入れたりしがちです。

　逆に、女性が入社すると「異性」に対する気遣いから「そんなに無理しなくてもいいよ」と言葉をかけたり、同僚の男性社員に向けるような期待も持てずにいるかもしれません。

　先輩社員の何気ないひとことは、予想以上のインパクトを持って相手に伝わります。そして、それは「男性」の先輩からのメッセージとして、ときに深く重い意味をもたらすことにもなります。

　それくらい、**職場の標準と目される男性の力は大きい**ものです。結果として、人間関係を壊してしまう事例も少なくはありません。

　女性に対して**恐怖**や**不利益**を与える可能性があるだけでなく、男性に対しても**同調圧力**や**「男らしさ」の強要**につながることがあり、性的マイノリティの人への負の影響は当然、少なくないでしょう。

　「男らしさ」の職場カルチャーを押し付けることのないよう、意識をして目配せしていきたいものです。

第 2 章 募集・採用・労働契約

女性社員にお伝えしたいこと
〜入社・配属・転勤〜

「女性だから」という特別の響きに、違和感を持ったことはありませんか？　女性ゆえに「女性」と向き合う難しさがある時代。逆に「男性」に対しては、遠慮なくフラットな関係性を築いていきたいものです。

■ 女性ゆえに難しい「女性」との向き合い方

　男女平等、女性参画推進が叫び続けられ、今では女性が活躍するのが当たり前で、管理職の比率も確実に増える傾向にあります。
　それでも、まだまだ職場における男女平等は実現しているとはいえず、昔ながらの偏見も根強いのが悲しい現実だといえます。

　そんな中で女性のあなたには、女性の新人社員が入社したとき、教育係やチューター的な役割が与えられるかもしれません。
　「女性だから女性の気持ちがよくわかる」というのは、半分は正しく、半分は間違った認識です。女性のライフスタイルは目まぐるしく変化しており、「女性」とひとくくりにとらえるのは難しくなっています。年齢、キャリア、業種、雇用形態、地域などが異なれば、女性ということで感情移入するのは容易ではないケースもあるでしょう。
　また、「女性だから気持ちがわかる」は多分に男性側の見立てであり、「理解不可能と感じている僕より、君のほうが彼女のこと、わかるでしょ？」という相対的な判断だともいえます。
　いいかえるなら、「女性は女性の中で」という論理にもなりがちであ

83

り、ともすると社内に女性コミュニティができることで逆説的に**女性
への差別意識や不利益が助長される面**もあります。

　この構図は、バリバリと働いてキャリアを積み上げたい女性にとっ
ては受け入れがたいもの。このあたりに「女性ゆえに女性と向き合う
難しさ」がありそうです。

■ 男性社員をどう受け入れるか

　先輩として新人の男性社員を迎えることは頻繁にあるシチュエーシ
ョンですが、男性社員と向き合うことには壁がつきものです。

　俗に**「男のプライド」**といいますが、一般的な傾向として、男性は
名誉や他者評価を重んじることが多く、女性に対しては属性が異なる
存在として本音で向き合わなかったり、必要以上に距離をおくことも
少なくありません。

　結果的に、あなたは先輩として素直に相手を受け入れる心づもりで
も、男性社員はそれを真っすぐには受け止めないかもしれません。

　この場合の対応としては、あくまで先輩としての立ち位置から相手
を受け止め、自分の意見や主張を押し付けることなく、**聞き役**になっ
てあげることが大切です。その姿勢をほかの社員が受け止めることで、
次第に態度が軟化し、物事がやりやすくなることも多いからです。

　性的マイノリティの人が入社・配属されたときは、あなたの女性と
しての感性や立ち位置が生かせる場面がある可能性が高いです。

　一般的に**女性はマイノリティに寛容なセンスがあり、マイノリティ
も心を開きやすい**といわれます。この傾向は、女性が少ない職場では、
いっそう高まるかもしれません。

84

管理職にお伝えしたいこと
～募集・採用・労働契約～

上司の役割は、部下の存在を承認することです。マイノリティについて正確に理解をし、ありのままの個性を受け止めましょう。あまり"男女の壁"にこだわりすぎずに、素直に向き合いたいものです。

■ 性的マイノリティの人が配属されてきたら

もし部下が性的マイノリティだと知ったら、業務には関係ないと知りつつも、**「向き合い方がわからない」「職場でトラブルになったら嫌だな」「顧客からの目線が気になる」**などと思うかもしれません。

マイノリティと会社との間で起こるトラブルは、**管理職との人間関係が介在するケースが多い**です。同僚や顧客との間で軋轢があったとしても、あなたが適切に役割を果たすことで解消に向かったり、深刻化を防ぐことも少なくないものです。その意味で、あなたの受け止めや判断が今後を左右するほど大切なのです。

あなたの役割は「部下の存在を承認すること」です。

向き合う中での難題は、必要以上に本人との関わりを強めたり特別扱いをすると、公平な職場の運営に支障が生じたり、アウティング（当事者の許可のない暴露）の問題に発展しかねないところです。

だからこそ、あなたは本人の声を傾聴するスタンスを最優先にしてください。ちょっとした違和感や言動の乱れ、ささいな人間関係のもつれなどにも、**注意深く目配せ**していきましょう。

今は職場における男女の役割意識やドレスコードなどが、揺らぎながら見直しが進められる過渡期にあるといえます。

　第5章でも触れるように、**服装はマイノリティにとって優先度の高い問題**であることが多いです。あなたが本人の声に十分耳を傾けることで、職場のドレスコード改革などの流れに共感したり、問題提起することができれば、その採否の結果はともかく、いっきに距離が縮まり一体感を持つことができるかもしれません。

■■■ 女性社員と向き合うのが苦手なら

　あなたが男性上司の場合、女性の部下への苦手意識があるかもしれません。

　異性の考え方やスタンスがよくわからないという背景もあるでしょうが、最近はハラスメントが心配で身構えてしまうケースも多いです。身構えることでうまくいけばよいのですが、結果的には溝を埋めることができず、部下からの信任も得られず、あなた自身もモヤモヤという構図はないでしょうか。

　こんな場合は、世の中で女性が得意とされている分野や感性などについて、**一人の人間として学ぶ姿勢をとる**こともお勧めです。

　もちろん得意不得意はありますが、性別役割の中で「女らしさ」とされている部分について、男性上司から関心や期待が示されたら素直に嬉しいものです。

　「女性だから○○であるべき」という偏った思考ではなく、「女性的な感性から学びたい」という**柔軟な発想**になることで、部下との精神的な距離感も自然と縮まるかもしれません。

経営者にお伝えしたいこと
～募集・採用・労働契約～

企業理念や行動目標の中で"性別役割の在り方"について具体的な指針を打ち立てましょう。そして、人間の誰しもが持つ個性こそマイノリティ性だという確かなメッセージを発信したいものです。

■ 女性の管理職を増やしたいけど……

　日本は女性の管理職が少なく、もっと登用を進めなければ……といいます。賃上げと女性活用は、人事をめぐる至上命題かもしれません。あなたも、このような流れ自体は必要なことだし、できる限りの取り組みをしていきたいと考えていると思います。

　でも、女性管理職の登用は簡単ではないし、希望する人材や適性を満たす人材はかなり少ない、というのが現実かもしれません。

　女性管理職が増えない理由は、どこにあるのでしょうか。それは候補者や希望者が少ないという現実の前に、そもそも**男性社員と女性社員をめぐる企業風土や社内文化が影響している可能性が高い**と思います。

　性別役割意識をめぐる内閣府の調査によると、男女ともに1位は「男性は仕事をして家計を支えるべきだ」、2位は「女性には女性らしい感性があるものだ」とされます（令和4年度　性別による無意識の思い込み〈アンコンシャス・バイアス〉に関する調査研究）。

　男性と女性の特性の違いは尊重し合いつつ、**企業としての意識改革を現場に浸透させていく努力なくしては、大きな変化は期待できない**

のかもしれません。

　経営者の役割は、**自社の企業理念や行動目標の中で、性別役割の在り方について具体的な指針を打ち出していくこと**です。

　「当社では子どもを育てる共働き夫婦のライフスタイルを全力で支えます」といった具体的なメッセージと、それに伴う支援策の先に確かなキャリアアップと管理職登用の見取り図が描かれること──、それが女性社員、男性社員の意識改革への第一歩につながります。

■■■ マイノリティ雇用を進めるには

　障害者雇用はもちろん、性的マイノリティの採用に力を入れようとする動きは年々加速しています。一方で、社会的な偏見が根強いことも事実であり、今でも誤った認識や情報が飛び交うことで当事者の採用や活躍に影響が出るケースも少なくありません。

　動画やSNSなどでマイノリティがイキイキと活躍する姿を見せるのも一案です。勇気づけられたり安心感を覚えることで、求人への応募を考える人も増えるでしょう。

　経営者であるあなたには、マイノリティへの取り組みを限定的にとらえるのではなく、**「人間、誰しもが持つ『個性』こそがマイノリティ性だ」**というメッセージを発信してほしいです。

　例えば、社長インタビューやコラムなどで自身の個性やマイノリティである部分について、「私自身○○だ。でも、そのことがこんな武器になってきた」と自己開示した上で、マイノリティ雇用への考えを語ることで、伝わり方やインパクトは変わるはずです。

第 3 章

雇用形態・勤務条件

雇用形態・勤務条件の
全体像

雇用形態と勤務条件は、企業と従業員との間で交わされる雇用契約の「採用種別」のことであり、正社員、非正規雇用などの種別ごとに、それぞれ「勤務条件」に違いがあります。

■■■ 正社員と非正規社員、直接雇用と間接雇用

雇用形態は2つに区分されます。**正規雇用（正社員）**と非正規雇用（非正規）という区分と**直接雇用**と**間接雇用**という区分です。

正社員	非正規雇用
法律上の用語ではありませんが、雇用期間に期限の定めがない無期雇用の働き方のことをいい、会社と直接雇用契約を結びます。一般的にフルタイムでの勤務が基本ですが、最近は「短時間正社員」などの弾力的な勤務も増えつつあります。	正社員以外のすべての雇用形態を総称した呼び名で、雇用契約の更新の可能性はあるものの、原則として有期雇用であることが大きな違いです。パートやアルバイト、契約社員や嘱託社員、派遣社員などが含まれます。
直接雇用	間接雇用
会社と従業員が直接契約を交わす方法であり、正社員やパート、アルバイト、契約社員などが該当します。	派遣社員が該当し、派遣会社（派遣元）と雇用契約を結んだ上で就業先の会社（派遣先）で働く方法となります。

雇用形態の区分や種類の違いは、働く側にとってメリットとデメリットの双方があります。

<u>正社員</u>は、定年まで雇用期間の定めがなく、社会保険や交通費、住宅手当などの福利厚生が適用されるのが一般的です。多くの場合、賞与や退職金が支給されますが、職種によっては転勤や残業を求められることもあります。

　会社側の立場から見ると、安定した雇用によって優秀な人材を確保しやすく、教育や育成に相応の時間をかけて長期にわたる業績向上に貢献してもらいやすくなりますが、半面、教育や育成にコストと時間がかかるほか、非違行為など懲戒事由が発生しない限り、容易には解雇することはできません。

　正社員の中での弾力的な勤務形態の典型が**短時間正社員**であり、フルタイムの正社員と比べて所定労働時間（日数）が短い雇用形態のものをいいます。短時間正社員の制度では、育児や介護・看護など家庭の

事情でフルタイム勤務ができない従業員が活躍している例が多く見られます。

多様な正社員の例	
職務限定	＝担当職務が限定されている正社員
勤務地限定	＝転居を伴う転勤がない正社員
短時間正社員	＝1週間の所定労働時間が短い正社員
週休3日制度	＝育児、介護、病気治療と両立できる正社員

　非正規雇用は、雇用期間に定めがあり、労働時間はフルタイムの正社員と同じか短く、給与や福利厚生面が正社員ほど充実していないケースが一般的です。

　このうち、派遣社員のみは間接雇用であり、それ以外は直接雇用となります。

　派遣社員に業務の指揮・命令を行うのは派遣先ですが、福利厚生については派遣元の内容が適用されます。雇用主と就業先が異なること

で発生する問題を防ぐため、労働者派遣法によってさまざまな規制が設けられており、原則として、派遣元と派遣先の双方で責任を分担する仕組みとなっています。

　派遣先が派遣社員を受け入れるメリットとしては、専門性の高いスキルを持った即戦力人材を活用しやすいほか、社会保険や給与計算などの事務負担が軽減される点があります。

　ただし、派遣社員には派遣期間の上限が定められているため、原則として期間満了の到達によって就業が終了することになります。

第 3 章 雇用形態・勤務条件

正社員以外の働き方と
多様な人材

「多様な働き方」を推進する動きが加速し、厚生労働省も先進企業の事例集を策定するなど普及・啓発に努めています。正社員と「多様な働き方」をする働き手のベストミックスが求められています。

■■■ 働く人の事情や特性に応じた受け入れ体制整備

　近年、個人の事情に応じた働き方を選択できる社会づくりが進んでいます。ライフスタイルの変化やテクノロジーの進化などによって、出社義務が課せられなかったり、地方で暮らしながら仕事に従事したり、育児や介護と両立した勤務時間や勤務形態を選択するなど、さまざまな仕組みや選択肢が広がりつつあります。

　最近は、Z世代の若者などを中心に、正社員という働き方をしたくない、もっと自由で柔軟な雇用形態が良いと希望する人も増えていますが、このような流れは、未来志向で今後の雇用形態や勤務条件を模索している動きの一端ともいえます。

　会社としては、働く人それぞれの事情や特性に応じた受け入れ体制を整備することが求められているといえるのかもしれません。

　具体的には、以下のようなニーズが増えていると考えられます。

> 「育児や介護と両立しながら働きたい」
> 「好きな場所や時間で働きたい」
> 「ワークライフバランスを重視したい」
> 「副業で別なスキルを身に付けたり、収入を増やしたい」　など

93

年代や生活エリアなどによって多様なニーズがありますが、少子高齢化による構造的な労働不足が続く日本においては、多様な働き方の仕組みを積極的に採用して幅広い人材を受け入れる取り組みを進めることが、会社の成長には欠かせないポイントといえます。

　従来から存在する形態としては**嘱託社員**があります。主に、定年退職後に引き続き雇用する従業員のことを指しますが、非正規の一種であるため、雇用期限があり、賞与が支給されないのが一般的です。
　「定年退職後に再雇用されたい」という高齢者のニーズに対応しており、会社としては、社内の状況や業務を熟知している人材を確保・維持できるメリットがある雇用形態だといえます。

　契約社員は、有期契約を結んだ社員です。期間は労働基準法で原則最長3年と定められていますが、1年の労働契約を締結して順次更新するのが一般的です。
　契約社員については、**同一労働同一賃金**の考え方によって、原則として同じ業務・責任の正社員と基本給で待遇の差をつけてはなりませんが、業績や繁閑に合わせて雇用期間などを調整しやすいため、雇用側にもメリットの大きい雇用形態だといえます。

　「仕事を選ぶうえで重視すること」の調査を男女別に見ると、「やりがい」は男性では4割以上の回答となっている一方、女性は3割未満にとどまっています。女性では、「勤務時間」（35.8％）、「勤務地」（29.2％）の回答割合が男性に比べ、それぞれ10％程度高くなっており、勤務形態をより重視している傾向が見られます。
　男女別かつ年代別で見ると、女性20代〜女性40代では、「子育てや

介護等との両立のしやすさ」の回答割合が高くなっています。

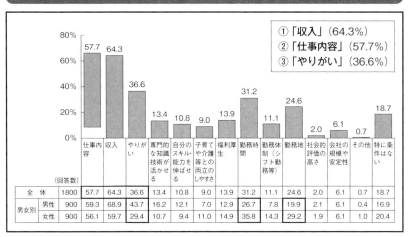

出所：明治安田総合研究所　https://www.myri.co.jp/research/report/pdf/myilw_report_2023_03.pdf

高齢者活用と
雇用形態

労働人口のボリュームは高齢者にシフトしていきます。かつては、補助的要因と見られていた高齢者の活用ですが、これからは企業による高齢者の働きやすい環境づくりが急務です。

▰▰ 高齢就業者「1000万人時代」に向けて

　労働市場の人手不足が深刻化する中で高齢者の就労は確実に増えていますが、**雇用のミスマッチや年金との調整による就労制限**などの課題も多く、社会全体から見た「本格活用」にはまだ遠いというのが実態だといえます。

　総務省が発表した「我が国の高齢者（65歳以上）」によると、2022年の高齢就業者は約912万人と過去最多であり、10年前の2012年当時の

高齢就業者数の推移

出所：総務省「労働力調査」

約596万人から316万人、53％も増えています。

　高齢者の就労が増えている最大の要因は、慢性的な人手不足と雇用年齢の相次ぐ延長措置によるものであり、とりわけ、介護・社会福祉事業においてその傾向が強いといえます（2023年11月時点の新規求人数〈厚労省の一般職業紹介状況〉は約14.5万人と全産業の中で最多）。

　高年齢者雇用安定法の改正により、**定年後の雇用義務が65歳に延長**され、2021年度からは**70歳までの雇用が努力義務化**されたことも大きな要因といえます。

　仕事を持たない高齢者が希望する職種は、男性は「専門的・技術的職業」、女性は「サービス職業」が最も多く、「事務職」も男女とも7万人前後の希望がありますが、企業側の求人では「事務職」は少なく、マンション管理や駐車場警備などの職種が多くなっています。

　男性の場合、長年の会社勤めで培ってきた専門スキルを生かせる仕事を望む声が多いですが、近年はＩＴ・DXなどリスキリング（学び直し）の必要な業種の求人が多く、雇用のミスマッチが広がっています。

仕事を持たない高齢者が希望する職種

男性		女性	
専門的・技術的職業	（約13万人）	サービス職業	（約14万人）
サービス職業	（約 7万人）	専門的・技術的職業	（約 7万人）
事務職	（約 6万人）	事務職	（約 7万人）

出所：総務省「我が国の高齢者（65歳以上）

　老齢年金支給時期との関連でいえば、60歳定年の会社に勤める会社

員の場合、64歳までは会社の継続雇用制度で再雇用され、65歳になると受け取れる年金額に見合う仕事をするのが一般的ですが、会社に希望の職種がない場合は、自分で探さなければならないという壁に突き当たることになります。

ハローワークにおける65歳以上の有効求職者数は、2024年の平均で25.6万人と最も多い年代となっていますが、実際の就職率は20％足らずであり、**高齢職種のミスマッチはかなり深刻な水準**だといえます。

介護やサービスなどの現場のパート・アルバイトには専業主婦が多く、年金や社会保険料は自身の負担のない**第3号被保険者**の層が少なくありません。

収入が一定額を超えると自身の社会保険料を負担することになるため、就労時間を減らして収入調整をする**年収の壁**の当事者が多いことから、これらの制度も実際の壁になっているといえます。

第 **3** 章　雇用形態・勤務条件

扶養制度と
ジェンダー

主婦のパートなどが一定の労働時間を超えて働くことを避けてしまう理由に「年収の壁」が存在します。この「働き控え」を打破するための政策づくりが進んでいます。

■■■ 昭和型モデルからの脱却

　主婦のパートなどが一定の労働時間を超えて働くと、第3号被保険者や健康保険の被扶養者制度から外れてしまい、収入が増えたにもかかわらず手取り収入が減ってしまう**「年収の壁」問題**が、働き方に深刻な影響を与えています。

　夫の年収500万円（別途家族手当）、妻は106万円超で社会保険加入、2人世帯というモデルでは、妻の年収100万円のとき世帯手取り額は513万円であるにもかかわらず、妻の年収が106万円に増えると世帯手取り額は489万円となり、差し引き24万円が減少する**働き損**が発生するとされます（「政府は『「年収の壁」による働き損」の解消を─有配偶パート女性を対象とした調査結果の報告─」株式会社野村総合研究所　2022年10月27日）。

　最終的には、第3号被保険者や被扶養者自体を撤廃することが根本的な解決につながると考えられますが、従来の"昭和型モデル"が果たしてきた役割や歴史的な経緯を急進的に旋回させる政策には国民的な理解が不可欠だといえ、一朝一夕に解決するテーマではないかもしれません（内閣府男女共同参画局「女性の視点も踏まえた社会保障制度・税制等の検討」令和4年）。

99

■ 手厚い扶養制度がジェンダー平等推進の障壁

　女性の働きやすさを目的とした税制や社会保障制度、配偶者手当の在り方については，2014年の政府の経済財政諮問会議で「総合的に具体的な取り組みの検討」が打ち出され、以降、各種制度の見直しの検討が続いているほか、具体的には下表のような改正が実施されています。

　日本においては、**手厚い扶養制度が存在することが逆説的にジェン**

	法改正等に至った
税制	・2017年度税制改正で「女性を含め、働きたい人が就業調整を意識せずに働くことができる仕組みを構築する観点から、配偶者控除等について配偶者の収入制限を103万円から150万円に引き上げる」などの見直しが決定され、2018年1月から施行
社会保障制度	・2016年から短時間労働者の厚生年金保険・健康保険への加入の対象範囲が拡大し、加入要件を、①週20時間以上〜30時間未満に拡大、②月収8万8,000円（年収106万円）以上、③1年以上の雇用が見込まれる人で学生は除く、④対象事業所は従業員501人からなどに ・2020年5月に成立した年金制度改革関連法で、「勤務期間1年以上」の要件が撤廃され、2022年10月から従業員101人以上の事業所に対象拡大 ・2024年10月から従業員は51人以上の中小企業まで拡大

ダー平等の推進の障壁になっている側面があると考えられ、社会保障審議会の医療保険部会と年金部会においても、「扶養制度を含む次代の社会保障制度」について、今後の改革の方向性に関する議論が展開されています。

　これらの議論の結果を受けて、具体的な法改正が議論され、順次新たな制度が施行されていくことになる見通しです。

各種制度

その他の改正	・短時間労働者に対する雇用保険の適用拡大 ・フリーランスに対する労災保険の適用など
配偶者扶養手当	・国家公務員の配偶者扶養手当は、2016年の人事院勧告で2017年4月から段階的な減額が勧告され、翌年から実施 ・民間企業の配偶者手当は、2015年の厚生労働省の有識者検討会による報告書を受け、「配偶者手当の在り方の検討に関し考慮すべき事項」が取りまとめられ、都道府県労働局を通じて労使に周知・検討を依頼。2017年の経済財政諮問会議でも，首相が配偶者手当の見直しに前向きに取り組むよう要請

短時間正社員と
ジェンダー

フルタイムの働き方でなくても、正社員に付与されている待遇や福利厚生と同じ雇用形態となる代表格に「短時間正社員」があります。この働き方のニーズはあらゆる分野や業種で増えています。

■ 「短時間正社員」が好まれる理由

　多様な働き方として望ましい制度としては**短時間正社員**が挙げられます。短時間正社員に対するニーズは高まりつつあり、内閣府の調査（女性の政策決定参画状況調べ）からは、以下のような意識の動向が垣間見えます。

希望する期間	・育児等の理由で一定期間のみ短時間正社員で働きたい（49.4％） ・期間を特に定めず短時間正社員で働きたい（49.5％）
希望する 勤務時間	・フルタイム正社員の半分程度（53.7％） ・　　　〃　　　　4分の3程度（39.8％）
希望する 時間あたりの 賃金水準	・フルタイム正社員の8割程度（37.2％） ・　　　〃　　　　9割程度（25.7％） ・フルタイム正社員と同じ（21.1％）

　多様な働き方をする場合の課題としては、短時間正社員では「顧客等会社外部への対応で支障」（48.1％）、**「仕事の配分」**（47.1％）、**「フルタイム正社員への仕事のしわ寄せ」**（44.0％）、**「責任の所在」**（43.4％）が挙

げられています。

在宅勤務では**「他の社員とのコミュニケーション」**が64.7％で最も高く、次いで「社内での打ち合わせや会議で支障」が53.8％と、社内でのコミュニケーションに関する点が問題であることがわかります。

また、**処遇面の心配**もあると考える人も少なくなく、短時間正社員は**「賃金の減少」**が75.3％で最多であり、次いで「希望した時にフルタイム正社員になれるかどうか」（52.1％）、「退職金の取り扱い」（50.0％）、「公的年金の取り扱い」（44.9％）が目立ちます。

■ 導入のメリットと留意点

「短時間正社員」は、働く人のライフスタイルやライフステージに応じた「多様な働き方」を実現できるとともに、育児や介護などの制約によって就業の継続がかなわなかった人や就業の機会を逃した人たちに有効な働き方となります。

ジェンダーを取り巻く問題が深刻化している現在において、短時間正社員の制度は、**解決のための一助となる可能性がある**といえます。

企業にとっては、「意欲・能力の高い人材の確保」「生産性の向上」「職場マネジメントの改善や業務効率化」「満足度の向上による定着」「労働関係法令等の改正への円滑な対応」などが挙げられ、**働く人**にとっては、「ワークライフバランスの充実」「正社員登用を通じたキャリア形成の実現」「職場全体の長時間労働の解消」などにつながり、また**社会**にとっても「仕事と子育ての両立の実現を通じた、少子化への対応」「仕事と介護の両立の実現を通じた、高齢化への対応」「労働力人口の減少への対応」「女性、高齢者等の『全員参加の社会』の実現」「企業競争力の向上を通じた経済環境の改善」などが期待できます。

短時間正社員の制度を導入する場合は、短時間正社員に①**期待する役割、②労働条件、③フルタイム正社員への復帰・転換の道**という**3つの視点**から、具体的に職務内容や適用期間、労働時間などを設定すべきでしょう。

　職務内容については、フルタイム正社員への復帰を念頭に置きながら、社員の求めるニーズやキャリア形成、円滑な業務遂行の観点から設定すると良いでしょう。仕事の「質」はフルタイム正社員と同等としつつ、「量」の面で弾力的な仕組みを採用する方向で構築していくと円滑な制度設計ができます。

　適用期間については、制度導入の目的に照らして、適切な期間を設定することが重要です。例えば、育児支援で活用する場合は、複数回の利用によって制度利用が長期化してしまい、モチベーションの低下やキャリア形成の遅れに発展するケースもありますので、「程度と限度」も念頭に置くことが大切です。

　労働時間については、どの程度労働時間を短縮すれば従業員のニーズに適しているのかという点に目配せしつつ、一方でどの程度までの時間短縮であれば業務が円滑に遂行可能か、という視点から、ベストな設定をみいだすことが重要となります。

ジョブ型雇用と
ジェンダー

政府が推し進める「三位一体の労働市場改革」の一つの柱としてあるのが「ジョブ型雇用」です。日本の企業風土に長年根付いてきた職務形態の盲点を払拭し、生産性向上に寄与すると期待されています。

■■■ 「人に仕事をはめる」から「仕事に人を配置」へ

ジョブ型雇用とは、会社に必要な職務内容（ジョブ）を職務記述書などで具体的に特定し、その遂行に**ふさわしいスキルや経験、資格などを持つ人材を採用**する雇用方法のことをいいます。

日本では、従来はまず新卒一括採用などで人材を広範に確保してから職務を割り当てていく**メンバーシップ型雇用**が一般的でしたが、経団連がジョブ型雇用の普及を打ち出したことなどを背景に、具体的に導入する会社が増えつつあります。

ジョブ型雇用の典型としては**高度専門人材の採用**が挙げられます。2024年に経団連は「博士人材と女性理工系人材の育成・活躍に向けた提言」を公表し、博士人材の育成・活躍のためには、高度かつ専門的な職務に対して、ジョブ型雇用によって高い給与で処遇することが必要だと指摘しています。

とりわけ女性の高度専門人材の活躍を実現するためには、社会全体に対する**ジェンダー平等**の推進が不可欠であり、「家庭との両立も含めた多様なライフステージでのロールモデルの提示」が重要だとされています。

博士人材のキャリアを多様化・複線化し、大学と企業を行き来する環境を整備することも課題としており、具体的には**企業・大学との共同研究**の推進、**ジョブ型採用**、研究者が２つ以上の機関で研究・開発・教育に従事することを可能にする**クロスアポイントメント制度**や、**兼業・副業**の促進に取り組むことが求められています。

　ジョブ型雇用は高度専門人材の採用・雇用に有効な選択肢となり得ることから、全社的にはジョブ型雇用を採用しない企業であっても、一部の職種や職務等へ導入する処遇も有益と考えられます。

　ジョブ型雇用をめぐる動きは、結果的に女性の理工系人材の育成につながり、賃金の男女格差是正にも寄与し、能力や学問分野に対するジェンダーイメージの改善にもプラスに働くといわれています。

　企業社会や大学はもとより、保護者や教師を含む社会全体に対して、ジェンダー平等をより一層推進する方策が打ち出されることで、**ジェンダー平等とジョブ型雇用の相乗効果**が期待されています。

ジョブ型とメンバーシップ型の違い		
	ジョブ型	メンバーシップ型
雇用の考え方	業務に対して人を配置	人に対して仕事を配置
業務内容・役割	明確に定められている （専門的・限定的）	明確ではない。組織が決定する （ジェネラリスト・総合的）
人事権	異動・転勤・残業命令は原則できない	勤務地・配属先・ジョブローテーションの決定ができる
給与・報酬	職務給 （業務内容や役割による）	職能給 （年功序列や役割など総合的判断）
流動性	業務の消滅・パフォーマンス結果など　解雇が比較的容易	解雇は厳しく制限
組合	産業別労働組合	企業別労働組合

出所：マンパワーグループ
https://www.manpowergroup.jp/client/manpowerclip/hrconsulting/jobtypeemployment.html

第 **3** 章 雇用形態・勤務条件

Ｚ世代の定着促進

「10年ひと昔」という言葉がありますが、デジタル技術の目覚ましい進展もあいまって、世代間における興味関心、選択の優先順位などには大きな違いが生じています。

■■■ 「承認欲求」「個性」「存在」を重要視

「若手人材のマネジメント法がわからない」「Ｚ世代ってどんな世代？」などと、若手人材のマネジメントに悩む会社が増えています。

実際に**Ｚ世代（1990年代後半から2012年頃生まれ）**をめぐる**離職率の高さ**が問題となっていることから、Ｚ世代の活躍と定着を目指す取り組みが盛んになっています。

Ｚ世代は、**ミレニアル世代（1981年頃から1995年頃生まれ）とも異なる価値観**や特徴を持っているとされ、「コミュニティと承認を重視」「個性や自分らしさを重んじて多様性を受容」「キャリアに保守的で堅実」「社会貢献意識が高い」といった特徴があります。

この世代が過ごしてきた社会環境を見ると、「スマホが普及して膨大な情報にさらされた世代」「いつでもどこでも、誰とでも接続できてきた世代」といえます。

幼少期からスマートフォンやタブレットに触れていることで、動画コンテンツを中心に膨大な情報を日常的に吸収してきました。この世代の特徴としては、東日本大震災などの天災やリーマン・ショックな

107

どの影響から、お金や出世に旺盛な関心を抱いていないといわれています。

　そうしたＺ世代の離職率を抑えて定着をはかるにはどうすればよいのでしょう。

　彼ら彼女たちは社会貢献意識が高いこともあり、現実社会で体感するギャップに戸惑いがちであるため、企業は**トップ層から自社の特徴・特性、社会的役割についてメッセージを発していくことが大切**でしょう。

　あわせて、「承認欲求」の強さを汲んで、**個性や存在を認めてあげられる仕組みや制度づくりが有効**だと考えられます。

　発信することに慣れている世代でもあるため、Ｚ世代から挙がってきた意見や要望を聞き入れ、アウトプットの際にも**エールや賞賛が必要**です。

　モチベーションを維持または高めるために、**仕事の満足度と成長実感を持たせる工夫が重要視**されます。日常的な会話を重ねて、会社組織の仕組みを伝えていくことが大切といえるでしょう。

　具体的な対応策の中心となるのは、広い意味での「人事」といえるでしょう。

　「満足度向上」「離職率低下」「後継者育成」などを狙いとし、**会社が求める人材と成長の方向性を「見える化」して「等級」を実施**し、成長の到達感が体感できる仕組みにすることが大切だと考えられます。

　「等級」と合わせて「昇給」を実施することで、「石の上にも三年」「年功序列」の考え方が合わない世代に対して、モチベーションを喚起

することができると考えられます。

さらに、**「多様な価値観を認め合う」ための環境整備も大切**です。

管理職を目指さないキャリア形成や転勤しないで別の職種にチャレンジできる仕組みはもちろん、ジェンダー平等の理念を踏まえた社内体制が整っていることが、Z世代にとって必須の内的要素となるといえるでしょう。

出所：リクルートマネジメントソリューションズ
https://www.recruit-ms.co.jp/issue/inquiry_report/0000001077/?theme=starter

マイノリティを活かす
雇用形態の横断理解

世界的にマイノリティに対する理解が進んでいますが、日本企業の中では緒に就いたばかりのテーマといえます。企業成長の戦力として欠かせない存在であるという認識を持つことが大切です。

■■■ ダイバーシティを取り入れる企業メリット

ダイバーシティやインクルージョンという言葉が一般的になってきました（下表）。

ダイバーシティ	インクルージョン
多様性のことであり、人材の多様化や多様な人材を組織に受け入れて活躍してもらう取り組み。人が持つ個性や能力は違いがあって当然であり、画一的な枠に無理にはめること自体がナンセンスだという考え方。	包摂（包括）という意味であり、組織内の多様な人材が活躍するためには、有形無形の目詰まりを取り除いていく必要があるという考え方。日本の企業には、このような障壁が立ちはだかっているケースが多いことが指摘される。

　ダイバーシティ推進を掲げる組織も増えてきていますが、具体的にどのような組織を指すのでしょうか。

　言葉の起源を振り返ると、アメリカでは性別や人種、肌の色や宗教などの違いによる差別が問題視され、1960年代は近代化が進んでいる中でも根強くその傾向がありました。
　打開策として、公民権法が制定されたり、マイノリティの採用を促

す運動が起きたりして、「ダイバーシティ」「インクルージョン」という考えが広がり始めました。

当初は、性別や人種、肌の色や宗教の多様性を認めていくものでしたが、現在では勤務・雇用形態の変化からダイバーシティの対象が拡大して、**ライフスタイルやキャリアなども含めた多様性**を示すようになっています。

ダイバーシティを取り入れることの企業にとってのメリットには、**①組織の活性化、②マーケットニーズの多様化への対応、③創造性と革新**の3点が挙げられます。

①組織の活性化
独創性や特異な経歴を持つ人材が集まりやすくなり、ロイヤリティが高まります。退職者が減ったり、生産性が向上したりする効果もあります。
②マーケットニーズの多様化への対応
グローバル市場への参入において、異文化を知る人材の多様な視点が有効に働きます。また、商品・サービスの開発においても、既存の概念や考え方を超えた顧客ニーズにも視野が広がります。
③創造性と革新
それぞれの人材が能力を発揮しやすい環境をつくることで画期的なアイデアが生まれる可能性が高まります。

逆に考えると、「ダイバーシティ」「インクルージョン」が推進されていない企業は、社会変化への対応が遅れてしまい、競争から脱落する危険性があります。

ダイバーシティやインクルージョンの推進に欠かせない多様な人材

には、性的マイノリティも含まれます。日本国内で13人に1人がLGBT の当事者であるという統計もあり、日頃から男性・女性以外の性の在り方への認識を持つことが重要です。

　こうした性的マイノリティのダイバーシティ推進の場面で注意すべきポイントは**アウティングへの配慮**です。

　本人の許可や同意なく、性自認や性的指向についてカミングアウトしてしまうアウティングは、当事者本人のメンタルを傷つけてしまい、職場環境から疎外されてしまいます。

　また、それだけでなく、そもそもダイバーシティやインクルージョンの推進という目的に照らして、会社が誤ったメッセージを発信してしまうことになりかねず、ひいては**会社全体の取り組みの方向性や信頼性自体が問われる**ことにもなってしまいます。

第 3 章 雇用形態・勤務条件

派遣労働の
新たな可能性

「多様な働き方」は、フルタイム正社員とそれ以外といった画一的な雇用
形態に柔軟性を持たせることで広がります。その代表格として、派遣労
働という働き方があらためて注目されています。

■■■ 派遣だから選択できる機会創出

　多様な個性を尊重した職場づくりの広がりは、派遣で働く人たちに
とっても魅力的であり、スキルアップの可能性が高まります。

　受け入れ企業にとっても、幅広い能力を持った派遣社員が活躍する
ことで**組織の活性化**がもたらされることになります。

　派遣で働くメリットには、専門性を活かしつつも多様な経験を積め
ることが挙げられます。派遣社員は企業内の正社員に比べて異なる企
業や業界で働く機会があり、スキルと経験を得ることができます。ま
た、即戦力としての価値が認められ、社員に登用されるきっかけにも
なるでしょう。

　このほか、派遣で働く利点としてはワークライフバランスの充実、
社会的なネットワークの拡充など、自身の目標や置かれている状況に
合わせて仕事内容を選べる魅力があります。

■■■ 「多様な働き方」の広がりで再認識される派遣労働

　労働関係の原則である**直接雇用によらない「間接雇用」**の在り方で
ある派遣という働き方は、1986年の労働者派遣法の施行からスタート

113

しました。

　当初は専門知識を必要とする13業務（同年16業務に拡大）を対象に派遣が解禁され、その後、弾力化を進める法改正が行われました。

　待遇面も、当初は直接雇用の形態と比べて未整備であったため、2009年以降は労働者保護を主軸にした法改正が重ねられています。

　主な改正としては、2012年の「日雇い派遣の原則禁止」や「マージン率等情報公開義務化」「待遇改善の強化」があり、2015年には「派遣社員と受け入れ企業の双方に３年の期間制限（無期雇用を除く）」「雇用確保措置」などが導入され、2020年には、不合理な待遇差解消のために「同一労働同一賃金」の仕組みが組み込まれています。

　派遣労働における**デメリットとされてきた点を解消**するための政策と方策は、10数年で格段に進化してきたといえます。

　このような待遇改善を軸とする法整備に伴って、あらためて「派遣という働き方」が**「多様な働き方」の選択肢として再認識**されはじめています。

　派遣元には、派遣社員が年間８時間以上のキャリアアップ教育訓練を有給無償で実施する義務が課されていますが、**教育訓練（キャリアアップ）のメニューを多彩かつ充実度を高めることで「自社のアピール材料」とする**ことも一案です。

　次のキャリアを見据えたステップを刻むことを派遣社員と派遣元の双方で有効な手段とすることが期待できます。

第 3 章 雇用形態・勤務条件

雇用によらない
働き方の今後

正社員やパート・アルバイトなどの直接雇用や派遣といった間接雇用だけでなく、雇用によらない働き方も増えており、その働き方を保護する法整備が進んでいます。

■■■ 「フリーランス新法」の誕生

　企業や組織に属さず、業務委託などで成果物やサービスを提供する働き方を**フリーランス**と呼んでいます。

　法律用語ではありませんが、「自由業」などと表記することもあります。いわゆる**「雇用によらない働き方」の代表格**ですが、この働き方をめぐる法整備が進みつつあります。

　「特定受託事業者に係る取引の適正化等に関する法律」（通称：**フリーランス新法**）が2024年11月に施行されました。

　フリーランスは組織に縛られない働き方として、メディアやクリエイティブ業など一定の業種で古くから存在していたものの、社会問題としてクローズアップされることはありませんでしたが、多様な働き方が広がり、政府も副業・兼業の推進の方向に転換をはかり、職種の拡大とそれに伴うトラブルの増加などの動向を受けて、法制化が実現することになりました。

　いわゆる「フリーランス」を保護する法律としては、従来、労働契約法や下請法、独占禁止法などがあったものの、労働契約法は「雇用

115

関係」が前提で、下請法は資本金1,000万円以下の発注企業は規制の対象外、独禁法は「労働者保護」の規定がないなど、いずれも"帯に短し"の状態にありました。

フリーランス新法では、**事業を発注する側である「特定業務委託事業者」に対する規制**を強め、受注側の「特定受託事業者」（フリーランス）が不利にならないための規制が打ち出され、以下のような内容が盛り込まれています。

> **フリーランス新法に盛り込まれた主な内容**
> ①書面による取引条件の明示
> ②報酬支払期日の設定と期日内の支払い
> ③禁止事項
> ④募集情報の的確表示
> ⑤育児介護等と業務の両立に対する配慮
> ⑥ハラスメント対策に係る体制整備
> ⑦中途解除の事前予告・理由開示

具体的には、発注者に対して業務内容や報酬などの契約明示を義務づけ、報酬を相場より著しく低く設定したり、契約後に不当に減額したりすることも禁止され、報酬の支払時期について発注した物品等を受け取った日から60日以内とすることも義務化されました。

発注側がこれらに違反した場合、フリーランス側は国の相談機関に相談でき、国は違反行為に対して指導や勧告などを行うことができます。命令に従わない場合は**50万円以下の罰金**を科されるルールになっています。

116

■■■ 新法施行は改善に向けた「入り口」

　フリーランス保護の法的体制ができたとはいえ、残された課題もあります。

　「時間に縛られない、自由な働き方」という意味では高度プロフェッショナル制度や裁量労働制もありますが、対象は「雇用されている社員」に限られるうえ、かなり手厚い法的保護を伴っており、フリーランスとは格段の差があります。

　政府の推計では国内のフリーランスは462万人（本業214万人、副業248万人）に上っており、アルバイト並みの規模の労働層を占めています。**企業は、フリーランスという労働力を戦力として適正に活用していかなければなりません。**

　これまで、企業の中には社員を雇用することで発生する社会保険料負担や労働基準法の規制から逃れるため、いわゆる**偽装フリーランス**も散見されましたが、今回の新法施行によって、改善に向けた「入り口」が整備されたことで、さらなるセーフティーネットの充実がはかられることになるでしょう。

　雇用によらない働き方は、こうした法整備なども進む中で広がっていく流れにあります。従来の正社員、男性主体、フルタイムで残業ありの組織に固執してきた企業は、**派遣・パート・アルバイトだけでなく、フリーランスも組み合わせて業務を遂行していくことが有力な選択肢のひとつ**になっていきます。

フリーランス新法による発注者の義務

義務項目	具体的な内容
①書面等による 取引条件の明示	業務委託をした場合、書面等により、直ちに、次の取引条件を明示すること
	「業務の内容」「報酬の額」「支払期日」「発注事業者・フリーランスの名称」「業務委託をした日」「給付を受領／役務提供を受ける日」「給付を受領／役務提供を受ける場所」「（検査を行う場合）検査完了日」「（現金以外の方法で支払う場合）報酬の支払方法に関する必要事項」
②報酬支払期日の設定・期日内の支払	発注した物品等を受け取った日から数えて60日以内のできる限り早い日に報酬支払期日を設定し、期日内に報酬を支払うこと
③禁止行為	フリーランスに対し、1か月以上の業務委託をした場合、次の7つの行為をしてはならないこと
	●受領拒否　●報酬の減額　●返品　●買いたたき　●購入・利用強制 ●不当な経済上の利益の提供要請　●不当な給付内容の変更・やり直し
④募集情報の 的確表示	広告などにフリーランスの募集に関する情報を掲載する際に、 ・虚偽の表示や誤解を与える表示をしてはならないこと ・内容を正確かつ最新のものに保たなければならないこと
⑤育児介護等と 業務の両立に 対する配慮	6か月以上の業務委託について、フリーランスが育児や介護などと業務を両立できるよう、フリーランスの申出に応じて必要な配慮をしなければならないこと
	例： ・「子の急病により予定していた作業時間の確保が難しくなったため、納期を短期間繰り下げたい」との申出に対し、納期を変更すること ・「介護のために特定の曜日についてはオンラインで就業したい」との申出に対し、一部業務をオンラインに切り替えられるよう調整すること　など ※やむを得ず必要な配慮を行うことができない場合には、配慮を行うことができない理由について説明することが必要
⑥ハラスメント対策 に係る体制整備	フリーランスに対するハラスメント行為に関し、次の措置を講じること
	①ハラスメントを行ってはならない旨の方針の明確化、方針の周知・啓発、②相談や苦情に応じ、適切に対応するために必要な体制の整備、③ハラスメントへの事後の迅速かつ適切な対応　など
⑦中途解除等の事前 予告・理由開示	6か月以上の業務委託を中途解除したり、更新しないこととしたりする場合は、 ・原則として30日前までに予告しなければならないこと ・予告の日から解除日までにフリーランスから理由の開示の請求があった場合には理由の開示を行わなければならないこと

出所：厚生労働省
https://www.chusho.meti.go.jp/keiei/torihiki/download/freelance/law_03.pdf

管理職にお伝えしたいこと
～雇用形態・勤務条件～

現場の管理職が中心となって、理解増進に向けて研修や周知啓発の取り組みを実施することが大切です。マイノリティの従業員の入社後の雇用管理や服装をめぐる対応にも、必要な配慮をしましょう。

■ 管理職が主体となって周知啓発を行う

マイノリティの当事者が活躍できる職場づくりには、**従業員全員がマイノリティに関する基本的な知識を持つことが必要**です。理解増進に向けて研修や周知啓発の取り組みを実施している企業は、国際的企業や大企業を中心にすでにたくさん存在します。

研修内容には、ハラスメントやアウティング、カミングアウトといった項目を取り入れている事例もあり、特に管理職向けの研修では、部下からの相談への対応を含むマネジメント上の配慮や経営への影響についても盛り込んでおくことが求められます。

社内における研修の実施や周知啓発は、専門の部署が主体的に行うケースも多いですが、現場の管理職の理解や協力が不可欠です。

上司とはいえ専門的な知識がない人が研修などの実施に関与することは難しいという声もありますが、管理職に求められるのは決して専門的な知識や情報ではなく、**現場の責任者として部下を統率する姿を見せることに意味があります**。実際に、素晴らしい研修が実施されても、管理職自身が消極姿勢であるために現場に浸透せず、むしろ無気力な気運を誘導してしまうケースも散見されます。

また、**当事者からの「相談」への対応**も現場で求められる役割です。

自身がマイノリティであることを認知してもらいたい場合もあれば、そうでない場合もあります。職場で性的指向や性自認に関する差別や嫌がらせを受けた例もあるため、管理職は無理解によるトラブルが発生しないように目配せをする責任があります。

中小零細企業など体制の整備が未熟である場合には、相談窓口の担当者がマイノリティに関する知識不足によってアウティングなどの**二次被害が発生する可能性**もあるため、**守秘義務の徹底**なども含めて、現場の管理職の役割の重要性が増すケースもあります。

現場における具体的な配慮をめぐって

会社で想定される事例として、入社応募者の中にマイノリティの当事者がいる場合などがあります。

採用時にマイノリティをはじめ特定の人を排除しないよう、公正・公平な採用基準に基づいた採用活動が求められていますが、入社後の配置、昇進、昇格などの雇用管理においては、具体的な実務対応をめぐって管理職が関わる場面が増えてきます。

あきらかに不当な取り扱いをする人はいないにせよ、**無意識に当事者に不安を抱かせたり、安心して職務に集中することができなくならないような体制づくり**が肝心だといえます。

また、制服や服装の規定がある職場では、当事者が自認する性別の服装を希望する場合もあります。男女で服装の区別を設けない企業も増えていますが、自認する性別への配慮が求められる場面では、会社の対応以前に、現場の上司の対応や言葉遣いなどが問題となることもあるので、十分な認識を持った対応を心掛けたいものです。

第 3 章　雇用形態・勤務条件

経営者にお伝えしたいこと
〜雇用形態・勤務条件〜

マイノリティが活躍できる企業に転換するには、経営者であるトップが新しい組織づくりのための方向性を示すことが重要であり、経営者自らが先頭に立って実践する姿勢を見せることが大切です。

■ 新しい組織づくりのための方向性

　日本企業が持続的な成長を目指していくには、「大卒・男性・正社員」を中心に組織運営をはかっていたのでは、従来のさまざまな縛りからの脱却は困難といえるでしょう。これまで少数派であった、女性や障害者、性的マイノリティ、外国人など、**多様な人材が広範に活躍できる組織づくりに積極的に踏み出す**ことが期待されます。

　経営者であるあなたが考えるべきことは、新しい組織づくりに必要な方向性を打ち出すことだと思います。
　そのために必要な要素としては、**①働き方に共感が持てる体制**、**②個性を尊重して引き出してくれるリーダーの存在**、**③キャリア支援と見える化**の3点が挙げられます。
　これらを進めるにあたり、会社の経営層と管理職が多様な価値観や考え方を受け入れるために、常に社会の流れを敏感にキャッチするべくアンテナを張り、日常的に関係法令などの知識をブラッシュアップした上で、現場で実行できるように応用・展開していく方策が重要となるでしょう。

女性や障害者の採用や制度づくりは徐々に浸透していますが、性的マイノリティや外国人については、これからの課題だと考える会社も多いと思います。まずは、労働条件や労働環境の側面からのアプローチとして、会社としての**人権や人事の方針を策定し、トップメッセージとして社内で共有する**ことも有益な方策です。

■■■■ 経営者自らが先頭に立って実践する姿勢を

　企業内で策定されたマイノリティの活用支援をめぐる施策は、具体的成果に結びつくことなく風化しているケースもあります。

　目下の環境づくりや人事制度づくりだけで終わらせることなく、社内が一丸となって取り組みを実行し続けるためには、経営層と管理職が先頭に立って実践する姿を見せることが大切だと思います。

　例えば、マイノリティである従業員に**経営者自らがインタビュー**を行ったり、定期的に更新している社内報やYouTubeなどで**マイノリティの活用についての考えを表明**したり、社外団体と共催で**講演会やセミナーを開催**したり、職場における**マイノリティ支援を行うボランティア活動へ参画**することなどが考えられます。

　以上のような取り組みが、新しい組織づくりに向けた経営者の姿勢やアクションの基本であり、これは大企業、中小企業、都市、地方を問わず、同じではないかと思います。

　経営者のスタンスを対外的に表明する行動は力強いメッセージとなり、さまざまな施策の浸透を促進します。多様な特性を持った人たちが積極的に働ける環境づくりを**経営者自ら牽引する**ことで、想定外の企業成長にも結びつくことが期待できるでしょう。

第 4 章

賃金・福利厚生・施設管理

賃金をめぐる
労務管理の全体像

賃金支払の5つのルールをめぐる原則と例外、マイノリティの従業員に
対する留意点についてまとめた上で、所定内賃金と所定外賃金、時間外
労働と休日労働の割増賃金について整理します。

■■■ 賃金支払の5原則から見る留意点

　賃金の支払いについては、労働基準法で**賃金支払の5原則**が定めら
れているほか、さまざまなルールがあります。

賃金支払の5原則

①通貨払いの原則	現金で支払わなければならない。 〈例外〉銀行振込・デジタル払い、労働協約による通勤手当・住宅貸与の現物支給
②直接払いの原則	直接本人に支払わなければならない 〈例外〉使者としての**家族への支払い**、派遣先を通じての支払い
③全額払いの原則	全額を支払わなければならない 〈例外〉所得税・社会保険料などの控除、労使協定による**社宅費**などの控除
④毎月1回以上払いの原則	毎月1回以上支払わなければならない 〈例外〉結婚手当・退職金・賞与など
⑤一定期日払いの原則	一定の期日（支給日）に支払わなければならない 〈例外〉④と同じ

　これらの原則はもちろんマイノリティに対してもまったく同じく適
用されますが、以下の点に留意する必要があるでしょう。

主な留意点	
社宅・住宅貸与	会社が社宅制度などを導入しており、家族との同居を認めている場合には、範囲を法律婚に限定するかどうかが問題となります。原則的には会社の裁量によるとはいえ、一定の要件のもとに同性婚なども対象と認めることが望ましいでしょう。
使者としての家族への支払い	本人の病気などの理由で、現金支給される賃金を家族が使者として受け取るときは、その続柄が問題になることがあります。本人が作成する「使者差向書」を交付する対象には、事実婚の例などに準じて同性婚も含めるべきでしょう。
結婚手当	慶弔見舞金の一環として結婚祝金を支給している場合は、対象を法律婚に限定するかどうかが問題となります。原則的には会社の裁量によるとはいえ、一定の要件のもとに同性婚なども対象と認めることが望ましいでしょう。

所定内賃金と所定外賃金

賃金には**所定内賃金**と**所定外賃金**があります。

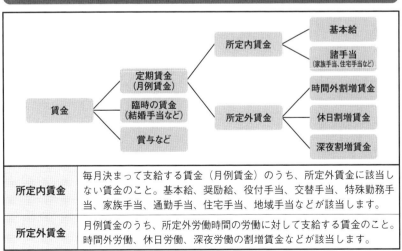

賃金体系図

所定内賃金	毎月決まって支給する賃金（月例賃金）のうち、所定外賃金に該当しない賃金のこと。基本給、奨励給、役付手当、交替手当、特殊勤務手当、家族手当、通勤手当、住宅手当、地域手当などが該当します。
所定外賃金	月例賃金のうち、所定外労働時間の労働に対して支給する賃金のこと。時間外労働、休日労働、深夜労働の割増賃金などが該当します。

これらのうち**家族手当**や**住宅手当**は、対象を法律婚に限定するかどうかが問題となりますが、近年では事実婚に対して適用される例も増えつつあり、多くの自治体でパートナーシップ制度が導入されるなど社会的な理解が促進され、同じく家族と同居・扶養する従業員の経済的な負担軽減が目的とされる趣旨からすれば、一定の要件のもとに**同性婚も対象と認めることが望ましい**でしょう。

時間外労働や休日労働の割増賃金

労働者が所定時間外労働、休日労働、深夜労働を行った場合は、通常の賃金に上乗せして**割増賃金**を支払います。

なお、法定時間外労働や休日労働を行う場合には、あらかじめ限度時間などを

労働時間の種類と割増率	
法定時間外労働（月45時間以下）	25%以上
法定時間外労働 （月45時間超、年360時間超かつ月60時間以下）	25%以上
法定時間外労働（月60時間超）	50%以上
法定休日労働	35%以上
深夜労働	25%以上
法定時間外労働＋深夜労働	50%以上
法定時間外労働（月60時間超＋深夜労働）	75%以上
法定休日労働＋深夜労働	60%以上

設定した**３６協定**（時間外労働・休日労働に関する協定届）を所轄労働基準監督署長に届け出なければなりません。届け出がされない法定時間外労働や休日労働は無効となります。

割増賃金は、１時間あたりの通常の賃金額に割増率を掛け合わせて計算します。日給の場合は、日給÷１日の所定労働時間、月給（日給月給）の場合は、月給÷月の所定労働時間、出来高払いの場合は、出来高給÷１か月の総労働時間で、１時間あたりの通常の賃金額を求めて

計算します。

通常の賃金額には基本給だけでなく精皆勤手当や役職手当なども含みますが、右表に示した**一部手当については除外して計算**することになります。

割増賃金の計算の基礎から除外できる賃金
①家族手当
②通勤手当
③別居手当
④子女教育手当
⑤住宅手当
⑥臨時に支払われた賃金（結婚手当など）
⑦1か月を超える期間ごとに支払われる賃金

家族手当、別居手当、子女教育手当、住宅手当などは、**手当の支給要件に法律婚以外の同居の家族が含まれるかどうかが実務的な問題となることがある**ため、性的マイノリティの従業員への適用を見据えた賃金体系を考慮する必要があるでしょう。

今まで性的マイノリティの従業員など該当者がいなかったという会社であっても、これからの時代に向けた賃金体系全体の点検・整備を行っていきたいものです。

福利厚生・施設管理をめぐる
労務管理の全体像

「福利厚生」の定義や、「法定福利厚生」と「法定外福利厚生」をめぐる
基本的な考え方についてまとめ、「福利厚生施設」を取り巻く現状や問題
点などについて整理します。

■ そもそも「福利厚生」とは？

「福利厚生」とは、**給与**
や賞与など以外で会社が従
業員にもたらす報酬やサポ
ート全般のことをいいます。

その内容は幅広く、社会
保険や労働保険といった公
的な制度（法定福利厚生）か
ら、通勤手当、家族手当、
結婚祝金などの支給のほ
か、慶弔休暇や特別休暇、

法定福利厚生	法定外福利厚生
健康保険	通勤手当
厚生年金保険	家族手当
介護保険	住宅手当・社宅貸与
雇用保険	結婚祝金・弔慰金
労災保険	慶弔休暇・特別休暇
	短時間勤務制度
	資格取得補助
	食堂・食事補助
	社員旅行・リクリエーション
	人間ドック・スポーツクラブ
	社内預金・持ち株制度　など

社員食堂や社宅の貸与など、会社全体の制度から個人のニーズを反映
したサービスまで（以上、法定外福利厚生）、さまざまな形態があります。

福利厚生は、会社が給与など以外の面で経済的・制度的な支援をし、
従業員や家族の生活の安定を下支えすることで、従業員が安心して働
くための基盤をつくることを目的としています。

あくまで**任意恩恵的な制度**であり、会社によって種類や内容が違う

ことから、求職者が**職場を選ぶ上での大きなポイント**となるほか、従業員満足が高まることで、その会社で**長期間にわたって働くモチベーションにもなる**といえます。

■ 福利厚生施設について

さまざまな福利厚生の中でも、会社が従業員の福利厚生のために管理・運営している施設や建物のことを**福利厚生施設**といいます。

福利厚生施設
社宅、社員食堂、休憩室、更衣室、仮眠室、託児施設、診療室、保養所、
スポーツ施設、リラクゼーション施設　など

健康で安定した生活を送るための基盤となる社宅や社員食堂、疲労回復やストレス解消に効果的な保養所やリラクゼーション施設などは、手当や休暇などもあいまって従業員の満足度を引き上げることができます。

現在では、施設の維持・管理コストの問題やニーズの多様化などを受けて、会社独自の福利厚生施設に代えて、パッケージ化された福利厚生の中から従業員が好きなサービスを利用できるパッケージプランや、従業員に付与されたポイントなどの範囲内で好きなサービスを選ぶことができるカフェテリアプランが増えています。

いずれにしても、**社宅、休憩室、更衣室、保養所などは、性的マイノリティに対する一定の配慮が必要**となります。

女性活躍推進と
賃金制度

国際社会における日本の男女別賃金格差の現状や国策として実行されているテーマについて振り返り、賃金格差を是正するための社内での具体的な取り組みの方向性について考えます。

■■ 男女の賃金格差にどう対応するか

経済協力開発機構（OECD）の調査（2022年）によると、日本における男女の賃金格差は21.3％であり、加盟38か国の中で下から４番目の水準でした。

以前よりは格差が埋まりつつあるとはいえ、今なお深刻な状況にあることを受けて、国は女性活躍推進や同一労働同一賃金をめぐるさまざまな取り組みを実行しています。

「女性版骨太の方針 2024」で掲げられた方針
（女性活躍・男女共同参画の重点方針 2024）

- リスキリング（学び直し）の支援を強化し、非正規から正社員に転換しやすい環境を整える
- いわゆる「年収の壁」にとらわれない働き方ができるよう、社会保険の加入要件などの制度を改める
- 2030年までに最上位の上場企業で役員に占める女性の比率を30％以上にする目標を目指す（行動計画の策定、補助金などの拡充）

男女の賃金の格差は、女性従業員のモチベーションを低下させたり、キャリアアップを阻害するだけでなく、閉ざされた意味での男女の固定的な役割分担が色濃く残ることで、**世代交代や技術革新に伴う会社経営自体のイノベーションが停滞する懸念**があると考えられます。「今は特に苦情やトラブルがない」という会社であっても、未来志向で格差是正に取り組むことが大切です。

■ 具体的な社内での取り組みを考える

男女の賃金格差については、管理職やベテラン技術者など賃金水準の高いポジションに男性が多いことが原因だとする見方があります。しかし、実際に現場を見ると、同じポジションの業務をしていても、男女間で賃金に差があるケースに出くわすことがあります。

客観的に説明できない不合理な格差が存在するとしたら、会社の取り組みとして原因を特定していく必要があるでしょう。

女性活躍推進法によって2022年から**労働者301人以上の企業に男女賃金格差の開示義務**が課されていますが、自主的な取り組みとして、入社時の労働条件（業務内容、職務上の地位、賃金、その他の労働条件）と現在の労働条件との違いについて、女性活躍推進の観点から定期的にチェックしていくことを検討したいものです。

入社時	現 在
・業務内容 ・職務上の地位 ・賃金 ・就業場所・業務の 　変更範囲 （*2024年の 　労基法改正事項）	・業務内容 ・職務上の地位 ・賃金（手当の追加など） ・就業場所・業務の 　変更範囲

"ダブルインカム型"に
向けた制度設計

本格的な「ダブルインカム」が到来した現状や、扶養の範囲内で働きたいと考える人の意識の変化についてまとめ、「ダブルインカム型」に向けた取り組みの方向性について考えます。

■■■■ 「ダブルインカム」が当たり前の時代

専業主婦世帯と共働き世帯の比率は1995年頃を機に完全に逆転し、今は後者の「ダブルインカム」が当たり前の時代です。

共働き夫婦をめぐる意識も変化しつつあり、「男女関係なく家事や育児をするのが当たり前だと思う」と回答した夫が過半数を占めるなど、**夫と妻のどちらが稼いでいるかはあまり関係ないと考える人が増えています**（イマドキファミリー研究所『共働き・共育て家族マーケティング』宣伝会議）。

会社も、こうした意識の変化に柔軟に対応することが必要となっています。ある会社では配偶者の扶養に入ろうか迷う従業員に対し、以下のようなコミュニケーションを取ることがあるそうです。参考にできる問いかもしれません。

扶養の範囲内で働きたいと思っている人に質問します。
①あなたの配偶者は、リストラされることなく、ずっと正社員として定年まで働きますか？
②あなたの配偶者は、入院などせず、ずっと健康でいられますか？
③あなたの配偶者は、ずっとあなたを愛し続けてくれますか？（離婚せず）

■■■ "ダブルインカム型"への移行に向けて

　共働きか扶養に入るかは個人の問題ですが、ダブルインカム世帯が増えている中、今後の採用や労働条件を考える上での大きな要素になっていくことは間違いありません。

　2024年から51人以上の規模の会社に社会保険の適用拡大が実施され、**「年収の壁」問題**への対応が急務とされる中で、2025年以降の年金制度改革で**第3号被保険者制度も含めた見直し**が検討されます。会社としても、中長期的に"ダブルインカム型"への移行を視野に入れていくことが必要といえるでしょう。

世帯年収1,000万円の場合の共働きと片働きの比較（概算、万円）			
	共働き夫	共働き妻	片働き夫婦
年収	500	500	1,000
社会保険	69	69	120
（基礎控除）	48	48	48
（給与所得控除）	144	144	195
（配偶者控除）	—	—	38
所得税	14	14	77
住民税	25	25	61
手取り額	392	392	742

　同じ世帯収入であれば基本的には共働き夫婦のほうが手取り額は有利ですが、従業員が抱える育児・家事・介護などの負担を加味すると、会社側からしても"ダブルインカム型"に軍配があがるといえます。従来型の家族手当に代えて**「共働き手当」**を創設するくらいの発想の転換をしていきたいものです。

"人生100年"時代の高齢者雇用

高年齢者雇用安定法による65歳までの雇用確保の義務や70歳までの就業確保の努力義務についてまとめ、就業確保措置のうち、雇用によらない「創業支援等措置」の内容についてまとめます。

▰ 70歳までの就業確保を有効活用しよう

　高年齢者雇用安定法では、60歳以上の定年の義務、65歳までの雇用確保の義務（高年齢者雇用確保措置）を基本として、70歳までの就業確保の努力義務（高年齢者就業確保措置）が事業主に課せられています。"人生100年時代"の高齢者活用の視点からは、**70歳までの就業確保が大きなテーマ**になっているといえるでしょう。

　会社における高齢者の活躍支援の事例には、さまざまなパターンが

出所：厚生労働省ホームページ　https://www.kourei-koyou.mhlw.go.jp/businessowner.html

あります。従来は、若年者の採用難から基幹労働力の重点を高年齢者に移した**若年→高齢者転換型**や技能の承継を目指す**マイスター・技能伝承型**が典型でしたが、コロナ禍を経て在宅勤務やテレワークを認める**在宅勤務型**なども増え、今では、賃金と年金との併給を望んで短時間就労を望む高齢者のニーズと、人件費コストの削減を望む経営側のニーズがマッチする**ワークシェアリング型**が目立ってきています。

■ 雇用によらない創業支援等措置

国は、70歳までの就業確保措置のうち、雇用によらない措置として、**創業支援等措置**の推進にも力を入れています。70歳まで継続的に**業務委託契約**を締結する制度の導入や、70歳まで継続的に自社や他の団体が実施する**社会貢献事業**に従事できる制度の導入がこれに当たります。

在職老齢年金として、賃金と年金が調整されるのは、厚生年金に加入して働いている場合のみが対象となるため、厚生年金に加入しない働き方であれば年金が減額されることはありません。

また雇用関係と異なり労働関係法令が適用されないことから、事業主としての雇用責任を負わず、労働者として拘束を受けずに自由裁量で仕事ができることから、会社側にも本人にもメリットがあります。

これらの点に着目して、事業主が実施する社会貢献事業に参加したり、事業主が委託、出資などを行うケースがあります。

また、産業競争力強化法に基づく「認定特定創業支援等事業」の支援を受けると、会社設立登記の登録免許税が減額されたり、日本政策金融公庫の新創業融資が有利になったり、助成金や補助金を受給できることがあるため、有効に活用していきたいものです。

マイノリティと賃金制度の横断理解

賃金や福利厚生などにおいて、「配偶者」の適用が影響を与える制度についてまとめ、就業規則における具体的な「配偶者」の定義の規定例を紹介します。

■ 就業規則における「配偶者」の定義

賃金や福利厚生では、性的マイノリティの従業員をめぐる取り扱いが家族手当、住宅手当などの手当に影響を及ぼすほか、**配偶者の範囲**が事実婚や同性婚を含むのかによって制度に影響が生じます。

「配偶者」の適用が影響を与える例	
結婚	結婚祝金、結婚休暇、子の結婚祝金
住宅	社宅の入居要件（単身者、世帯人数）、借家補助
転勤	転勤手当、単身赴任手当、交通費、転勤休暇、家族関連の手当・交通費
出産・育児	配偶者出産休暇、出産一時金、出産祝金、看護休職見舞金
介護	介護休暇、介護休職、介護休業給付金、看護見舞金
退職	退職金、退職年金
死亡	慶弔休暇、慶弔見舞金

これらの制度や待遇をどのように適用・運用するかは会社の裁量・判断によりますが、大手企業や行政、大学などにおける先進的な事例などを踏まえ、多様な属性や価値観を持った人が幅広く活躍できる組

織を視野に入れるならば、柔軟に検討・対応していくことが望ましいといえるでしょう。

　手当や福利厚生の適用などを見据えて、「配偶者」についての適用範囲を見直す場合は、**就業規則の本文自体を改定する**方法と、**「パートナーシップ規程」などの別規程を作成する**方法があります。

　就業規則に規定する場合は、改定作業がやや煩雑になる一方、一度構築すれば全般的・体系的な運用ができ、会社としての取り組み姿勢を対外的にも示せるメリットがあります。

（配偶者の定義）

第○条　配偶者とは、戸籍上の配偶者に限らず、配偶者に相当する事実婚・同性婚を含むものとし、社内諸規程においても同様の取り扱いとする。

2　「事実婚」とは、「未届の妻または夫と世帯を同一にすること」をいい、事実婚の相手方のことを（事実婚の）「配偶者」という。

3　「同性婚」とは、「同性のパートナーと挙式を行うこと、あるいは結婚関係であると相互に認めること」をいい、同性婚の相手方のことを（同性婚の）「配偶者」という。

　別規則による場合は、短期間で制度構築・運用ができるメリットがありますが、会社の制度や運用が変更されるごとに整合性を維持するため、頻繁に変更が必要という面があります。

　同性婚のケースも「配偶者」と認める際の要件としては、右記が求められることが多いです。

同性婚のケースで「配偶者」と認める際の要件
- 都道府県区市町村などのパートナーシップ証明書の写し
- 住民票の写し
- 公証人が作成する公正証書

137

場合によってはこれらの書類が準備できないことも考えられるため、実態を踏まえて柔軟に対応するには、**「諸外国でパートナーシップ契約などを結んでいることが確認できる書類」**や**「証人（2名）による署名」、「結婚式や披露宴を行ったことを証明する書類」なども認める**ことが考えられるでしょう。

■■■ 「家族手当」や「住宅手当」の規定例

　家族手当や住宅手当などを規定している場合は、配偶者の定義に対応して、事実婚や同性婚を適用範囲に入れた規定を定めることが望ましいでしょう。参考までに一般的な例を挙げておきます。

（家族手当）
第○条　家族手当は、会社に対して届出をした配偶者または子（実子・養子を問わず）を有する従業員に対して支給する。
(1) 配偶者（事実婚・同性婚を含む）
(2) 満18歳に達した日以降の最初の3月31日までにある子（事実婚・同性婚の配偶者の子を含む）
　2　家族手当は、従業員が扶養家族を持った月から支給を開始し、扶養家族がいなくなった月まで支給する。
　3　従業員は、扶養家族に変更があった場合は、遅滞なく会社に届け出なければならない。
　　　　　　　　　　　　　　　　　　　　　　　　　　　　　　　　（以下略）

（住宅手当）
第○条　住宅手当は、賃貸住宅に居住する世帯主（事実婚・同性婚の場合は世帯主に準じる者を含む）に対して、以下の金額を支給する。
月額：家賃月額の○○％（上限○○○円）
　2　住宅手当は、前項の条件を証明する書類を提出した月から支給し、実際に退去した月まで支給する。
　3　従業員は、賃貸住宅への居住に変更がある場合は、遅滞なく会社に届け出なければならない。

138

第 4 章 賃金・福利厚生・施設管理

福利厚生と
ジェンダー

福利厚生施設について、法令上の男女の区分をめぐる規定について整理
し、性自認に従った服装での施設使用をめぐる考え方（裁判例）について
触れます。

福利厚生施設におけるマイノリティの視点

　会社の福利厚生のうち、手当や休暇などについては、就業規則や賃
金規程の内容を改定したり、配偶者の定義に関する規定を変更するこ
とによって対応が可能です。従来の措置との整合性や、ほかの従業員
への取り扱いとの公平性などに留意することで、順次適切な運用をは
かっていくことができると考えられます。

　ただ、**福利厚生施設については、物理的に戸籍上もしくは生物学上
の男女の区分に基づいた運用・管理が求められる**ことから、社宅、休
憩室、更衣室、仮眠室、スポーツ施設、リラクゼーション施設などに
ついては、性的マイノリティについての取り扱いが問題となることが
あります。

　この点は、LGBT理解増進法の施行に伴って社会的な関心も高まっ
ていますが、法令上は次のような区分に基づいて運用・管理していく
ことになります。

139

法令上の区分	
法令上、男女の区分が求められているもの	トイレ（事務所則17条の2、安衛則628条の2） 仮眠室（事務所則20条、安衛則616条）
法令上の規定はあるが、男女の区分が求められていないもの	休養室・休養所（事務所則21条、安衛則618条） 更衣室・シャワー設備 （事務所則18条2項、安衛則625条1項）
法令上の規定がないもの	スポーツ施設、リラクゼーション施設など

　更衣室については、トイレや仮眠室と異なり、法令上、男女別の取り扱いを定めた規定はありません。ただし、「女性版骨太の方針2024」でも**防災対策における女性用更衣室の設置**が求められており、今後の方向性が問われる部分かもしれません。

■ 男女別の施設における取り扱い

　私たちが社会生活を送る上では、必ずしも法律（戸籍）上の性別を確認してその人を判断するわけではなく、服装やしぐさや雰囲気などから直感的に判断する場面が多いといえます。少なくとも日常生活で、**パス度**（見た目の性の特徴らしきものを計る基準）は法律論以上に大きな意味を持っているかもしれません。

　性自認に従った服装での施設使用などが認められた裁判例（浜名湖カントリークラブ事件、静岡地浜松支判平成26・9・8、東京高判平成27・7・1など）では、「外見」や「容姿」が女性らしいと評価されたことから、周囲に違和感や嫌悪感を抱かせないという視点をもとに、一定条件のもとに施設利用を認める判断がされています。法令上の規定がないスポーツ施設やリラクゼーション施設などにおいては、**あらかじめ利用規約の中にそうしたケースを想定しておく**ことも考えられるでしょう。

性別変更への
職場の対応

性同一性障害特例法による性別変更の規定の概要と現状についてまとめ、
性別変更を希望する従業員への対応をめぐる考え方や休職をめぐる規定
例について整理します。

性同一性障害特例法による性別変更

日本においては**性同一性障害特例法**（性同一性障害者の性別の取り扱いの特
例に関する法律）の規定によって、「性同一性障害者」の診断を受けた者
が一定の要件を満たすことで、性別の取り扱いの変更の審判を請求す
ることができます。

なお、現在では、「性同一性障害者」の概念は、WHO（世界保健機関）
の「国際疾病分類」（ICD）の第11回改訂版（ICD-11、2022年）における**性
別不合**（Gender Incongruence）に移行しつつあり、国際的にはこちらが主
流となっています。

性同一性障害者(特例法1条)
生物学的には性別が明らかであるにもかかわらず、心理的にはそれとは別の性
別（以下「他の性別」という。）であるとの**持続的な確信を持ち、かつ、自己を身体的
及び社会的に他の性別に適合させようとする意思**を有する者であって、そのこ
とについてその診断を的確に行うために必要な知識及び経験を有する**二人以
上の医師の一般に認められている医学的知見に基づき行う診断**が一致してい
るもの

141

以下の要件をすべて満たした者は、家庭裁判所に対して、性別の取り扱い変更の審判を請求することができます。

性別の取り扱いの変更の審判の要件（2条）

2人以上の
医師から
「性同一性障害」の
診断

＋

①18歳以上である
②現在、婚姻していない
③未成年の子がいない
④生殖腺がないか、生殖機能を永続的に欠く状態
⑤変更後の性別の性器に似た外観を備えている

　なお、最高裁において④のいわゆる**手術要件**について違憲とする判断が下され（令和5年10月25日大法廷決定）、⑤の**外観要件**についても、「憲法違反の疑いがある」という指摘がされており（令和6年7月10日、広島高裁決定）、国会において早期の法改正が目指されています。

性別変更を希望する従業員への対応

　特例法によって性別変更が認められた人は2020年に累計で1万人を超え、その後も増えています。

　今後、法改正などで要件が緩和されるとさらに増加することが考えられ、会社としても、そのようなケースに対する理解と実務対応が求められることになります。

　具体的な対応としては次ページ表の3つの場面が考えられます。

　従業員からの相談を受けた場合は、**直属の上司などが単独で対応しようとせず、本人の意思や希望を確実に把握した上で、会社としての**

方針を示すことが
大切です。必要に
応じて産業医など
の産業保健スタッ
フとも連携しつ
つ、冷静にロード
マップを共有して
いくことになりま
す。

3つの場面での対応
性別変更を希望する従業員からの相談
・上司や窓口への相談を通じた実情の把握 ・アウティングの防止などの措置
性別移行中（医療的措置・変更手続き）の対応
・傷病休職や傷病手当金などの手続き ・休職中の業務引き継ぎなどの対応
性別変更後の対応
・性別変更後の職場環境への配慮（同僚などへの説明） ・本人の健康状況の確保への配慮

　性別移行中の従業員について会社に休職規定がある場合は、傷病休職に準じた対応を認めることが考えられます。

　以下の規定例では、「業務外の傷病」の場合と「特別な事情」の場合とに分けていますが、現在では**「性別不合」の概念が一般的**であり、健康保険の適用の有無についてもさまざまな例がありうることから、**「特別な事情」の一類型として、会社の裁量判断を広げていくことも考えられる**でしょう。

（休職）
第○条　従業員が次の各号のいずれかの事由に該当するときは、会社は所定の期間の休職を命じることがある。ただし、休職期間満了までに復職が見込まれない場合は、本条の規定に該当しない。
(1)　業務外の傷病による欠勤が○か月を超え、なお療養を継続する必要があるため勤務できないとき…○年以内で会社が認める期間
(2)　前号のほか、特別な事情があることにより、休職させることが適当と認められるとき…会社が必要と認める期間

トイレ・更衣室と
ジェンダー

トイレについての法令上の規定についてまとめ、使用制限をめぐる最高
裁判決に触れた上で、職場環境に配慮した具体的対応の方向性について
整理します。

■■■ トイレ使用制限をめぐる最高裁判決

　2023年7月11日、経済産業省の職員である**トランスジェンダーの女性**が提起していた、経産省の原告に対する**女性用トイレの使用制限の違法性**をめぐる訴訟について、最高裁が国の対応を違法とする判断を示しました。

　原告の主張が認容された理由としては、原告が職場において女性トイレを使用することへの異議を唱える女性職員はおらず、4年10か月にわたってトラブルがなかった上、その間に調査や処遇の見直しが検討された形跡がないことなどが挙げられています。

　あくまで個別の訴訟であり、公共施設の使用について判断しているものではありませんが、最高裁による初めての判断を受けて、労務管理の現場にもさまざまな影響があると考えられます。**「今後事案の更なる積み重ねを通じて、標準的な扱いや指針、基準が形作られていくことに期待したい」**（今崎幸彦裁判官・裁判長）とする補足意見も踏まえて、具体策を明確にする流れも出てくるでしょう。

■ トイレについての法令上の規定

職場におけるトイレの設置・運営については、法令上、以下のような規定があります（労働安全衛生規則、事務所則）。

労働安全衛生規則628条、事務所則17条

- **男性用と女性用に区別する**
  〈例外〉労働者が10人以内の場合、「独立個室型」の便所でよい
- **男性用大便所の便房**…男性労働者60人以内ごとに1個以上
- **男性用小便所の箇所**…男性労働者30人以内ごとに1個以上
- **女性用便所の箇所**…女性労働者20人以内ごとに1個以上

＊男性用および女性用トイレを設置した上で、独立個室型を設置する場合は、同時に就業する労働者の数について、独立個室型のトイレ1個につき男女それぞれ10人ずつ減らすことができる。

トイレの設置基準は事業者の義務であり、違反した際は6か月以内の懲役または50万円以内の罰金に科せられる可能性があります。

2021年の労働安全衛生規則の改正により、男性用と女性用の区別について、同時に就業する労働者が常時10人以内の場合には**独立個室型**の便所で足りるとする例外が認められました。

「独立個室型」とは、男性用と女性用を区別しない四方を壁等で囲まれた一個の便房により構成されるトイレで、いわゆる「だれでも（多目的）トイレ」のような形式のものです。

独立個室型トイレは10人を超える規模では認められませんが、男性用と女性用のトイレを設置した上で独立個室型を設けた場合は、男性用および女性用のトイレの設置基準に一定数反映させるとされているため、トランスジェンダーなどの人に対する配慮を念頭において、事

業所の設置当初から「だれでもトイレ」を設置しつつ、労働者数が増えた際には設置基準に従って、男性用および女性用のトイレの数を調整していくという考え方も成り立つでしょう。

■ 職場環境に配慮した具体的対応

トランスジェンダーの従業員からトイレ使用について相談を受けた場合は、まず上司や担当者が誠実に事実関係を確認した上で、以下のような流れで対応をはかることが考えられます。

前述の経産省事件においても、女性用トイレの使用をめぐって同僚への説明・理解・同意がポイントとなっていることから、**職場における十分な説明・調整のプロセスを経た上で、合意形成に向けた努力をはかる**ことが大切といえるでしょう。

なお、職場施設であるトイレの設置をめぐっては、障害者雇用促進法における**合理的配慮**の考え方なども参考にしつつ、新たなトイレの設置などが「過重な負担」となるときは、本人との十分な話合いによって理解を深めていくことが求められます。

> **参考：障害者雇用の際の合理的配慮**
> 障害者の意向を十分に尊重しつつ、提供する合理的配慮を決め、障害者本人に伝える。その際、障害者が希望する措置が過重な負担であり、より提供しやすい措置を講じることとした場合は、その理由を障害者本人に説明する必要がある。

第 **4** 章 賃金・福利厚生・施設管理

■■■ 更衣室をめぐる取り扱い

　更衣室はトイレの設置と異なり、法令上、男性用と女性用の設置基準が定められた規定はありません。

　しかし、従業員が衣服の着替えを行う施設であることから、**トイレ以上に配慮が求められるスペース**です。

　会社がトランスジェンダーの従業員本人からの申し出を認める場合には、女性用更衣室を利用する他の女性社員との十分な意見調整を行うことを優先します。

　一定の期間内に合意形成をはかることができず、設備的・予算的に具体的な対応が困難なときは、経過的措置として**代替的なスペース**を活用するなどの措置を講じることが考えられるでしょう。

社内行事と
ジェンダー

ジェンダー視点から見た社内行事をめぐる男女別のカルチャーの現状や
問題点について触れ、あわせてノンバイナリーの視点から見た社内行事
のとらえ方について考えます。

■■■ 男女別のカルチャーが求められる社内行事

　昨今は従業員から敬遠されがちな**レクリエーション的な社内行事**は、
日常の業務を離れて触れ合いを深めたり、仕事以外の分野で協働する
ことで信頼関係を高めるメリットがあるため、年間スケジュールを立
てて計画的に実施している会社も少なくありません。

　かつては新入社員が入社したら先輩が飲み会に誘って「飲みニケー
ション」を取るのが一般的でした。懇親会・食事会、歓迎会・送別会、
忘年会・新年会、花見・納涼会、社員旅行、社内運動会、社内サーク
ル・部活動、合宿研修、社内文化祭、ワークショップ、ボランティア
活動など、多様な種類・形態があり、最近は拠点を超えて同時参加で
きるオンラインイベントも増えつつあります。

　社内行事の開催は**業務上の必要性**に基づいて実施し、賃金の支払い
の対象となるもの以外は参加・出席を強制することができず、幹事役
として実務を担う従業員には賃金支払義務が伴う（原則として労災の補償
対象にもなる）などの取り扱いが一般的です。
　社内行事には慣例として暗黙のうちに、参加する従業員に**男女別の**

148

カルチャーや行動が求められる場面があります。

　飲み会で女性社員のみにお酌を強いるようなものは論外としても、花見等の季節イベントで本人の希望と関係なく男女別の役割をあてがったり、社内サークルで合理的理由もなく一方の性別のみを対象とするケースは、会社の対応としても問題があるといえます。

　特に、上司や担当者の言葉遣いとして、「男性社員だから〇〇」「女性社員は××」といった表現にも十分に注意する必要があります。

■■■ ノンバイナリーから見た社内行事

　ある年の大発会において、新年の祝賀ムードに会場を彩る振り袖姿の女性たちから、**「私たちは見せ物ではない」**という意見が飛び出し話題になりました。彼女たちは証券会社社員として参加している点では社内行事というより業務といえますが、**未婚女性の晴れ舞台**といった従来のジェンダー規範を押し付けられることに違和感を覚える人が増えていることを物語る場面だったのかもしれません。

　ひるがえって**ノンバイナリーの視点**から見るとどうでしょうか。

　振り袖姿は未婚の女性ゆえに見せ物にされる懸念がある一方で、未婚の男性では体験しづらい彼女たちだけの特権ともいえます。

　最近では着物姿の男性も増えましたが、まだ一般的ではない点では、性別による表現や役割分担が強いられる典型といえます。

　ノンバイナリー的な発想からすれば、**男性社員が表現者として演出し、女性社員が運営者として会場を仕切る**といった柔軟なアイデアも盛り込む余地があるかもしれません。

ジェンダーフリーの
キャリアマップ

ジェンダーフリーの視点からマイノリティのキャリアアップやキャリア
マップを考える上での方向性として、自己肯定感を高める取り組みやプ
ロティアン・キャリアの実践について触れます。

■■■ マイノリティの自己肯定感を高める試みを

　ジェンダーフリーの視点から、さまざまなマイノリティ性を持った
人たちのキャリアアップやキャリアマップを考える上では、**自己肯定
感**（自分ならできると思える認知状態）や**自己効力感**（自分の存在そのものを認め
る感覚）を高めるための取り組みが重要です。

　職業選択においては、一般的に考えられているほどジェンダーによ
る差は大きくなく、世の中で"男女差"と認識されがちなものの中に
は**ジェンダー・ステレオタイプ**が及ぼす影響が大きいといわれていま
す。
　例えば、女性管理職が少ない背景の要因としては、女性管理職のロ
ールモデルが少ないことが挙げられ、そのことにより、なかなか自己
肯定感や自己効力感を持つ機会に恵まれず、結果として女性管理職が
少ないままの現状があるという構図です。

　ロールモデルが存在しないという点では、性的マイノリティの人た
ちを取り巻く環境はより深刻だといえます。
　かつてはLGBTQのロールモデルが存在せず、自分の将来に絶望を

抱えて自殺にいたるなどの悲劇が繰り返されてきました。

　最近では自分と同じような日常生活を送る性的マイノリティの人の存在がメディアで取り上げられる機会も増え、昔と比べればロールモデルを見出しやすくなってきています。

　しかし、**会社の求人活動や労務管理などを通じても、より身近で具体的なロールモデルについて発信していく**試みが期待されているといえるでしょう。

■■■ プロティアン・キャリアとアイデンティティを考える

　最近は**プロティアン・キャリア**という概念の有用性が叫ばれています。「プロティアン」の語源は、変幻自在に姿を変えられるプロテウスという、ギリシャ神話上の神の名に由来することから、プロティアン・キャリアとは、**個人の意思と主体性によってキャリアが管理され、給与や年収ではなく、心理的な成功が重要視される考え方**のことをいいます。

　プロティアン・キャリアを考える上でのポイントは、**アイデンティティ**と**アダプタビリティ**です。

アイデンティティ	アダプタビリティ
「自分は何者なのか？」、「自分の意思で仕事においてやりたいこと」に気がついているかどうか	自分自身のこれからのキャリアに対して、「環境変化への適応性」があるかどうか

　性的マイノリティの人について考える場合についても、アイデンティティにおいては、まず**自分自身の客観的な個性や能力、気質などに**

ついて**正確に理解**し、自分が仕事においてやり遂げたい方向性を明確にします。

その上で、アダプタビリティとして、**具体的に踏み出したいと考えるキャリアに対する適応性の現状を認識**し、その理想と現実との差を埋めていくためのロードマップを作っていくことが求められます。

人事部などが、社内のキャリアコンサルティングの役割を担う場面においては、これらの点に留意したきめ細かな対応を心掛けるべきといえるでしょう。

男性社員にお伝えしたいこと
～福利厚生・施設管理～

ある日、職場の同僚が男性社員から女性社員になったら、というシチュエーションについて具体的に考え、横のつながりを大切にする男性社会が異文化を受け入れるポイントに触れます。

■ ある日、男性社員が女性社員になったら

もしあなたの職場の同僚の一人が、ある日、男性社員から女性社員に変わったら、あなたはどう思いますか。

この**性別の変更**という概念は、実際には戸籍上、生活上、身体上など、さまざまな側面がありますが、ここではシンプルに社内での仕事面において、周囲が認識・対応する性別としましょう。

「自分は多様性について認識しているから、戸惑うことなく冷静に向き合うことができる」と思うかもしれません。

でも、普段はそう思っている人が、いざ直面すると、**混乱したり、心ない対応をしてしまうのも現実**なのです。なぜでしょうか？

それは単に今まで心を許してきた存在が不意に変貌したことへのショックや、見た目が男性なのか女性なのか中性的なのかわからないことへの違和感だけでなく、その人が「女性」という視点を備えてあなたと向き合うことへの恐怖もあるのかもしれません。

男性が女性を異性と認識し触れ合う背景には、恋愛対象として好意を持ったり、異なる属性を持つ存在として敬意を払うだけではありま

せん。「女性は○○だ」という固定観念に包み込んで、無意識のうちにどこか軽い存在ととらえて接してしまう傾向もあります。

　まずは今の社会全体の在り方として、**性別をめぐる対応の変更が必要とされる場面がある**ことを胸に刻んでおきたいものです。

■■■■ 男性の輪の中に異文化を認める努力を

　一般論として、性的マイノリティの人に対して、男性が女性ほど寛容で柔軟に向き合うことができないのは、ビジネスシーンにおいて男性同士の横のつながりが強固であることに加えて、自分たちとは異質な存在や文化を認め、**お互いの違いを強みとして共存共栄をはかることが苦手**な点が大きいと考えられます。

　その意味では、男性が知らず知らずのうちに悪気なく性的マイノリティの人を遠巻きにしてしまう傾向は、女性全般に対して、ある種の偏見や差別意識を払拭しきれないでいる実態と根底で結びついているのではないでしょうか。

　あなたの前に姿を現した**かけがえのない個性を持った人**は、あなたに気づきを与えてくれる存在であり、異文化を認めて価値観や行動の幅を広げることを後押ししてくれるのかもしれません。

　意識すべきは相手の変貌ぶりではありません。ある意味で共通のバックボーンを持つその人の生き様を通じて、「女性」という異文化に真の意味でフラットに向き合う方法ではないでしょうか。

　それはある瞬間、**あなた自身の心の中の「マイノリティ性」**（ジェンダー視点に限らず）**に気づかせてくれる**かもしれません。

第 4 章 賃金・福利厚生・施設管理

女性社員にお伝えしたいこと
～福利厚生・施設管理～

職場でトランスジェンダー女性がいた場合のとらえ方や考え方について触れ、女性目線から多様性の時代に対応した職場環境づくりを提起する方向性について考えます。

■ トランスジェンダー女性をどう受け止めるか

「会社の施設とジェンダー」というテーマを考えるとき、避けて通れないのが**女性トイレの使用の課題**だと思います。

今後、司法判断などの影響から新たな制度づくりが進むことで、トランスジェンダー女性による社内トイレの使用が問題視されるでしょう。皆さんの安心や安全が優先されなければならないのは当然であり、**「不安や恐怖が払拭できるか？」**という視点とともに、**「そもそもトランス女性に女性トイレの使用を認めるべきかどうか？」**が真正面から問われることにもなります。

もし職場でそうした問いを投げかけられたら、あなたはどのように考えますか？　具体的な場面や人間関係が見えなければ容易に判断できないのが本音かもしれませんね。

公共施設と異なり、社内のトイレは、一義的には管理責任や使用許可を会社が負うことになりますが、日常的に使用する女性社員の意思をある程度集約することが求められています。前述した経産省をめぐる判例は、個別事案とはいえ女性社員の理解や認識が十分に反映され

155

なかった点が一つの課題とされていることからすれば、**「あなたの視点」から、悔いの残らないように意見や意思を会社側に伝える心構えは持っておくとよい**でしょう。

■■■ 女性目線から見た職場環境づくりを

トイレや更衣室の使用というのは、会社施設の中でもとりわけ女性特有のプライバシーの確保が求められ、女性社員に目配せした十分な対応が会社側に求められています。

同時に、職場で働くトランス女性をめぐって、女性社員の利益が害されるような事例は、一部の特殊な例外しか認められないのも現実です。圧倒的多数のトランス女性は、自分を押し殺して生活していたり、涙ぐましいほどの周囲への気遣いをしながら働いています。

一般的事例への対応という観点にとどまらず、個別的・具体的な人間関係の維持・構築を通じて、**どのようなバランス感覚を現実に落とし込んでいくことが妥当なのか**考える機会をつくりたいものです。

残念なことですが、今なお多くの日本の職場は、男性目線を中心に構成されています。トイレや休憩室、更衣室、ロッカーなどの配置・取り扱いなどについても、女性目線から見た清潔さや快適さより、男性目線の合理性が優先されていたりします。

この点について、多様性の時代に対応した在り方を提起し、社内施設の見直しや変革を促すことは、結果として女性のみならず、あらゆるマイノリティに共通する利便性や快適性の向上に資するかもしれません。むしろ、**無用に高い壁をそびえさせるのではなく、マイノリティの目線からの未来志向の改善を目指していきましょう。**

第 4 章 賃金・福利厚生・施設管理

管理職にお伝えしたいこと
～賃金・福利厚生・施設管理～

ダブルインカム社会における職場の男女の役割分担と向き合う上での管理職の在り方について触れ、部下の多様性の尊重とプライバシーへの配慮のバランス感覚について考えます。

■ 「ダブルインカム社会」に対応した職場づくり

「共働き」という言葉が死語になるかと思うほど、**ダブルインカムが当たり前の時代**になりました。この変化に伴い、部下に対する上司の向き合い方も変わらざるをえません。

昭和の昔であれば、男性社員には残業や休日出勤を求め、成果をあげて出世することを期待し、女性社員は職場での活躍よりも、育児や家事といった家庭責任に重きを置くのが当たり前でした。そのような構図は昔日の姿になったとはいえ、**今でも上司自身のマインドが十分に切り替えられていないケースがあります**。

ダブルインカム社会が本格化すると、職場における男女の役割分担・意識も確実に変貌していくことになります。

女性社員のキャリアアップを後押したり、快適に働ける職場環境を目指してハラスメント対策に取り組む一方で、男性社員の育児休業や子育てをバックアップしたり、ワークライフバランスを大切にする男性社員の発想を前向きに理解していくことが求められます。

女性社員、男性社員に対する会社側としての対応の"根っこ"は同

じだということを、**直属の上司は誰よりも理解し、実践していく存在
であるべきです。**

　あなたには、ダブルインカムの中で部下たちに起こっている、女性
社員をめぐるテーマ、男性社員をめぐるテーマを、決してバラバラに
起こっている現象と考えるのではなく、**今の時代を投影した全体図**だ
と認識して、器用にマネジメントしていくことが求められています。

■■■ 個性の尊重とプライバシーのはざまで

　部下をあずかる立場として、これから増えるであろう性的マイノリ
ティの人とどのように向き合うかは、とても大きな課題です。「今はそ
うした部下はいない」と無関心を装うのではなく、管理職にあるべき
危機管理として、あらゆるケースに備えていきましょう。

　社内の手続きにしても、施設の使用にしても、トラブル防止にして
も、**当事者である部下が一義的に頼りにするのは、あなたです**。逆に
いえば、上司の配慮不足などから、会社との信頼関係が損なわれたり、
深刻なトラブルに発展してしまうことも少なくありません。

　あなたは部下に対し、胸襟を開いて何でも話せる環境をつくること
が求められています。同時に、マイノリティ当事者の悩みは機微に触
れるプライバシーに関わることだけに、上司という身近な立場からう
かつに聞きづらく、関わりにくいのも現実です。
　あなたに求められるのは**個性の尊重とプライバシーの保護とのバラ
ンス感覚**です。すべてにおいて前面に立つのではなく、関係部署に助
力を求めたり、部下の同僚に自然な形で協力を促すことも大切です。

158

経営者にお伝えしたいこと
～賃金・福利厚生・施設管理～

賃金制度や福利厚生をめぐる会社の方針やポリシーの在り方について触れ、経営者のメッセージが多様性を持った従業員に与えるプラス面の効果について考えます。

■「多様性の時代の制度設計」への想いを

　従業員の賃金制度や福利厚生をどのように設定・運用するかは、会社の経営方針や制度構築のポリシーによって異なりますが、**最終的には経営者（経営陣）の判断・裁量**によります。

　家族手当や住宅手当は、必ずしも法律で義務づけられたものではありませんから、それらの制度を採用するかどうかは会社の判断によるものであり、同じ要件を満たす従業員に対して公平・平等に適用するものである限り、自由に運用することができます。

　すでに支給している手当などを廃止・減額する場合は、**不利益変更**にならないように、慎重に個別同意や就業規則の変更を進めることが不可欠です。

　あなたは、家族手当や住宅手当について、事実婚や同性婚の状態にある場合のパートナーを対象とすべきだと考えますか？

　例えば、配偶者に対して月2万円の家族手当を支給している場合、この対象を法律婚に限定するのか、事実婚も含めるのか、同性婚も認めるのか、いずれも会社の判断・裁量によります。

今の世の中の時流を意識しつつ、経営者としての考え方やポリシーを示していくことが大切です。事実婚や同性婚は対象としないという制度を運用・継続するのも一つの在り方です。正しいとか間違っているという問題ではありませんが、**経営者としての考え方やポリシーが示されるのとそうでないのとでは、対外的な受け止めがかなり変わる**可能性があります。ぜひ、多様性の時代の制度設計について、経営者としての想いを言葉にしていきましょう。

■■■ 経営者のメッセージが安心感を与える

　さまざまな多様性を持った人たちが幅広い分野で活躍するのが当たり前の時代になっていくと、今まで見えなかったところにマイノリティの人の影を感じるようになります。**社内にいなかったとしても、事業活動で関わりを持つ人たち**（お客様や取引先、仕入先、提携先など）**の中には必ず存在すると考える**べきです。

　その意味でも、経営者がどのようなポリシーに基づいて向き合うか指針を示すことは、社内外に対する重要なメッセージとなります。

　当たり前のことですが、経営をめぐるあらゆる活動の結果について最終責任を負うのは経営者であり、それはマイノリティを取り巻くハラスメントや人権課題についても同様です。

　いざ会社の責任が問われる場面になってからコメントを発するのではなく、率先垂範の姿勢で**あらかじめ会社としてのポリシーを力強く発信することが、あらゆるハラスメントに対する予防効果を発揮するだけでなく、当事者や関係者に対して安心感を与えるメッセージとなる**のではないでしょうか。

第 5 章

服務規律・服裝規定

服務規律の全体像①

労働者が会社で働く上で守るべきルールである服務規律をめぐる原則や
基本的な考え方についてまとめ、懲戒処分などの適用の前提となる就業
規則における服務規律の規定例を紹介します。

■■■ そもそも「服務規律」とは?

服務規律とは、**労働者が働く上で守るべきルールや行動規範**のこと
をいいます。

会社は、労働者が働きやすい社内環境を整備し、労使トラブルの発
生を予防するためにも、適正な規律を定め実施していきます。

服務規律は、従業員が会社と雇用契約を結ぶことで生じる**職務専念
義務**や**企業秩序遵守義務**を前提として、従業員が一定の規範や秩序に
服することを求めるものです。

服務規律の前提となる義務	
職務専念義務	企業秩序遵守義務
労働者は就業時間中、会社の指揮命令下で職務に専念しなければならず、会社の許可なく職務から離れたり、職務以外の活動を行ったりしてはならないとする義務のこと。	労働者が企業秩序を遵守すべき義務であり、職場外であっても企業秩序に直接関係する行為や、企業の社会的評価の低下につながるおそれのある行為は規制の対象となることがある。

これらの義務に反した場合に、従業員に懲戒処分を科すには、**就業**

規則に具体的に規定の上、それを周知しなければなりません（就業規則の相対的記載事項）。

　ただし、懲戒処分には**合理性**や**相当性**が求められるため、職務遂行と直接関係のない事項や私生活上の行為などは、プライバシーや人格権の保護の観点から、**一律的に服務規律違反を問うことはできない**というのが一般的な考え方です。

服務規律の主な内容	
職務専念業務	業務上の指揮命令の遵守、遅刻・早退・欠勤、無断職場離脱の禁止、業務中の私的行為の禁止など
職場環境維持	服装・身だしなみ、会社施設・備品の無断利用禁止、喫煙の禁止、ハラスメントの防止など
業務外活動	会社の秘密保持、副業・兼業の可否、会社の誹謗中傷の禁止、個人情報の取り扱い、SNSの書き込みなど

■ 服務規律の規定例

　前述のとおり、服務規律について会社は、原則として、**就業規則で明文化された規定以外の違反について懲戒処分を行うことはできません**。

　個々の会社において、職場環境などを照らし合わせて、**あらかじめ、できる限り具体的かつ網羅的な遵守事項を列挙しておき、従業員に確実に周知を促す**ことが求められます。次ページに一般的な服務規程の例を紹介したので参考にしてください。

163

（服務の原則）

第○条 労働者は、会社の方針、諸規則を遵守し、誠実に職務に専念するとともに、会社の指示命令に従い、職務能率の向上と職場秩序の維持に努めなければならない。

（遵守事項）

第○条 労働者は、次の事項を守り、職場の秩序を維持し、業務の正常な運営をはからなければならない。

①許可なく職務以外の目的で会社の施設、物品等を使用しないこと

②職務に関連して自己の利益を図り、又は他より不当に金品を借用し、若しくは贈与を受ける等不正な行為を行わないこと

③自らの職務の権限を越えて、専断的な行為を行わないこと

④勤務中は職務に専念し、正当な理由なく勤務場所を離れたり、責務を怠る行為をしないこと

⑤会社及び従業員、または顧客、取引先を誹謗中傷するような行為をしないこと

⑥在職中及び退職後においても、業務上知り得た会社、取引先等の機密を漏洩しないこと

⑦酒気を帯びて就業しないこと

⑧会社が指定した場所以外で、喫煙をしないこと

⑨セクシャルハラスメントやパワーハラスメント、モラルハラスメントなどの行為により、他の従業員に不利益を与えないこと

⑩身だしなみは、常に清潔を保ち、他人に不快感を与えないものであること

⑪その他労働者としてふさわしくない行為をしないこと

＊具体的な事項をできるだけ網羅的に列挙する

第 5 章 服務規律・服装規定

服務規律の全体像②

職場においてマイノリティの人が問題となりやすい服務規律の内容について まとめ、服務規律をめぐるマイノリティ特有の視点、マイノリティ を守る視点ごとの具体例について整理します。

■■■ マイノリティと服務規律

　服務規律は、**基本的に会社がすべての従業員に遵守することを求めるもの**です。しかし、機密保持や個人情報の取り扱い、具体的な指揮命令に基づく職務遂行（業務分掌や権限）などについては、雇用形態や職務内容などによっても異なることがあります。継続的に多額の現金を扱う職種や、高度な守秘義務を負う職務などは、別規程を置いて特有の事項を規定する例が多いといえるでしょう。

　マイノリティについては、主に**職場環境維持に関する服務規律**をめぐる議論になることが多く、服装・身だしなみ、会社施設・備品の無断利用禁止、ハラスメントの防止のほか、ほかの従業員などとの関係ではSNSの書き込みが問題となるケースもあります。

　企業としては、マイノリティである従業員自身が守るべき**服務規律やその運用をめぐる配慮などの視点**、マイノリティ当事者の権利や就業環境を**ほかの従業員による行き過ぎた言動などから保護する視点**の両面から、目配せしていくことが大切でしょう。

165

■■■ 「会社対従業員」の構図の変化

　従来、服務規律は会社から従業員に対する一律的なルールや行動規範だという理解が一般的でした。昨今では多様な働き方や多様な人材が活躍するのが当たり前の時代になって、「会社対従業員」の服務規律をめぐる構図が相当に変化しています。

　従業員の中における**「マジョリティ対マイノリティ」の構図にも一定の関与や配慮をしていくのがこれからの企業の服務規律の在り方**だといえ、今後はカスタマーハラスメント防止への意識の高まりなどを受けて、**さらに広範な視点が必要**とされていきます。

　性的マイノリティの服務規律を考える上では、とりわけ**男女別のドレスコードやトイレなどの使用をめぐる論点**が重要となります。

　単に男性から女性になりたい従業員、女性から男性になりたい従業員への対応といった認識ではなく、ジェンダーは多種多様な実態があるという理解のもと、**あらゆる可能性を排除しない冷静なヒアリングや受け止めからスタートすることが大切**といえるでしょう。

マイノリティ特有の視点	マイノリティを守る視点
• 服装・身だしなみ （男女別の制服や服装規定の適用の可否、現実的な運用など） • 会社施設・備品の無断利用禁止 （トイレ、更衣室、休憩室などの使用をめぐる運用ルールとマイノリティへの適用）	• ハラスメントの防止 （SOGI〈性的指向・性自認〉ハラスメントなどの禁止、職場が取り組むべき具体的な措置など） • SNSの書き込み （マイノリティが被害にあわないための企業としての取り組みなど）

第 5 章 服務規律・服装規定

女性社員と服務規律

服務規律の中での女性社員を考える上で、女性社員に対する差別・偏見、女性社員に対する優遇についてまとめ、規定の中に存在しがちな間接的な差別意識が残る視点について整理します。

■ 服務規律の中での女性社員

　服務規律は本来、男性と女性で規定や運用が異なるものではなく、**同じ雇用形態や職務内容の中で違いを設けることは「均等待遇の原則」に反する可能性があります**。

　育児休業後の勤務の在り方などをめぐる規定以外では、男女ともに同じ服務規律が適用されている例が多いといえますが、慣習として男女別の服装規定を置いていたり（例：女性のみ制服着用を義務づける）、中には男女別に異なる規定が置かれていたりするなど、実質的な運用に違いが見られることもあります。**明文の規定がなく慣習となっているものは、適切に目配せしていく必要があります**。

女性社員に対する差別・偏見	女性社員に対する優遇
・女性社員のみに制服やパンプス着用が義務づけられている ・事実上の慣習としてお茶出しや清掃が課されている ・事実上の職務内容や昇進基準などが異なる	・権利として定時退社が認められている ・カジュアル服での就業が認められている ・会議やミーティングへの参加が任意となっている

167

■ 女性に対する差別意識を排除する取り組み

　日本における深刻なジェンダーギャップの背景には、企業における制度や仕組みをめぐる差別とともに、職場における風土や旧来からの慣習・慣例をめぐる差別意識が色濃く根づいている点があると考えられます。

　服務規律と向き合う上では、そうした差別意識を間接的に醸成・助長させている規定や運用はないかを厳しくチェックする視点が求められます。

規定の中に存在する間接的な差別意識が残る視点
□「女性社員」「女性従業員」の文言の適否
□ 事実上、一般職・事務職＝女性と連想される規定
□ 結果として対象が女性に限定される表現
□ 男性を標準とすることで、事実上女性が排除される規定
□ 女性のみに限定した服装・ドレスコードの規定

　昨今は悪質なカスタマーハラスメントが社会問題となり、法制化も含めて予防や対策が大きなテーマとなっていますが、ジェンダーをめぐる社会的な偏見が残る風潮の中で、とりわけ**女性社員に対する深刻なカスハラ**が問題となるケースも少なくありません。

　顧客対応をめぐる対応の標準化や教育研修の徹底はもとより、**女性社員と男性社員が必要な場面に応じて現場で連携していくことができる流れを構築する**ことも、一つのテーマといえるでしょう。

第 5 章 服務規律・服装規定

定年延長・再雇用と服務規律

高齢者雇用をめぐる定年延長と再雇用の実務的な違いについてまとめ、
健康管理に関する事項、ほかの従業員との関係に関する事項を中心に、
高年齢者の服務規律のポイントについて整理します。

■ 定年延長と再雇用の違い

定年を迎えた労働者が、退職することなく引き続き雇用されること
を**定年延長**といい、定年によっていったん雇用関係が終了し、その後
再び雇用されることを**再雇用**といいます。

必ずしも定年延長＝正社員、再雇用＝嘱託社員という雇用形態にな
るとは限りませんが、正社員か嘱託社員かによって事実上適用される
服務規律の規定が異なることが多いといえます。

この場合は、**再雇用によって嘱託社員となった従業員に適用される
服務規律の内容が適切かどうか**を確実にチェックします。

定年延長	再雇用
・正社員	・嘱託社員
・70歳まで（第二定年）	・1年更新
・フルタイム勤務	・短時間、短日数もあり
・月給（日給月給）	・日給月給（時給）
・賞与あり	・賞与なし
・評価制度あり	・評価制度なし
・**正社員就業規則**（服務規定）	・**嘱託社員就業規則**

169

■■■■ 高年齢者の服務規律のポイント

　人間は加齢とともに心身の機能が衰え、物事の判断能力や他人との協調性、新たな挑戦へのモチベーションなども低下していくのが一般的です。

　高年齢者の服務規律を設定する場合には、一般の従業員に求められる項目に加えて、**健康管理に関する事項やほかの従業員との関係に関する事項**を盛り込むことが適切でしょう。

健康管理に関する事項	ほかの従業員との関係に関する事項
・法定対象者以外の健康診断の受診 ・定期的な個別面談（人事担当者、産業医）への出席 ・健康状況申告書の記載・提出 ・高齢者の能力に応じた作業手順書の遵守 ・職場で不調や違和感を覚えた際の報告 ・会社が実施する予防教育などへの参加奨励 ・70歳以上の自動車免許返納者への対応	・若年者への技術・技能指導の担当 ・上長の指示・理解のもとでの現場指導の実施 ・社内教育担当者・安全衛生管理者への任命 ・ほかの従業員との間でコミュニケーションに問題が生じた場合の報告・相談 ・事業主（担当役員）とのコミュニケーション機会の設定

　これらは、概括的な規定を就業規則に定めた上で、**具体的な内容は別規則や雇用契約などで記載する形にしてもよい**でしょう。

第 **5** 章　服務規律・服装規定

"男の生きづらさ"と
服務規律

男性学の視点から学ぶ「男の生きづらさ」と服務規律の関係について考え、職場における服務規律や慣習、慣例の中にひそむ「男の生きづらさ」についてのチェックリストを紹介します。

■■■ 男性学と「男の生きづらさ」

　男性が抱える悩みや問題を扱う「男性学」という学問があります。
　男性学の大家であるオーストラリアの社会学者、レイウィン・コンネル氏は、「支配する性である男性、支配される性である女性」の構図で描かれてきたジェンダーにおいて、**男性の複数性**という新たな概念を打ち立てました。

　男性社会の内部に**覇権的男性性**と**従属的男性性**が存在し、社会的地位や高い報酬、名誉を手にした男性（覇権的男性性）が、低所得で高いポジションを手にできず影響力を持てない男性（従属的男性性）を支配する構図があるといいます。
　より「男らしさ」を体現することで支配階層に位置づけられてきた**マジョリティ男性（覇権的男性性）**は、「男らしさ」の規範を十分に発揮できない**マイノリティ男性（従属的男性性）**を支配することで、女性に対する優越性や権力性が正当化され補強される仕組みが社会に根づいてきたと説明します。

　経営者や管理職がほとんど男性といった光景には、十分に活躍する

171

ことが困難な女性たちの傍らで、高いポジションにある男性との対比において苦悩や閉塞感に苛まれる男性がたくさん存在します。

男性社会内部での階層性や生きづらさの問題は、今後の服務規律や職場風土を考える上でも欠かせない視点といえるでしょう。

▨▨▨ 服務規律にひそむ「男の生きづらさ」をチェック

職場における「男の生きづらさ」は、とても可視化されにくいテーマです。長年にわたる企業の文化や慣習・慣例ゆえに実際に明文が確認できないこともありますが、**「男の生きづらさ」は「男のプライド」と裏表の関係にあることから、そもそも男性当事者が周囲に口外したり相談しづらい構造がある**からです。

企業の対応としては、男性にも多様性があるという認識のもとに、**「マジョリティの中のマイノリティ」が見えないところで苦しんではいないか**という視点から、服務規律とその周辺の慣習、慣例などをチェックしていくことが求められるでしょう。

このような視点は、Ｚ世代を始めとする若い従業員と向き合う際には、とりわけ重要になっていくと考えられます。

服務規律や慣習、慣例をめぐる「男の生きづらさ」
☐ 上長の指示は絶対であり、(不合理なものでも)拒まない
☐ 顧客の要望は絶対であり、(不合理なものでも)拒まない
☐ 病気や体調不良でなければ残業や休日出勤が当たり前
☐ 会社の行事や飲み会などには必ず参加するもの
☐ 家族の事情や子育てを理由に仕事に制約を持つものではない
☐ 上長の意思や考えを差し置いて自分の考えを持たない
☐ 人前で素直な内面を見せたり、感情を露わにしない
☐ 男性は男性の輪で行動し、むやみに女性と会話しない
☐ 季節を問わずスーツとネクタイを着用する

第 **5** 章 服務規律・服装規定

マイノリティと
服務規律の横断理解

性的マイノリティについて職場で具体的に問題となりやすい服務規律について横断整理し、性的マイノリティの服装違反をめぐる"2つの基準"について紹介します。

■■■ 性的マイノリティと服務規律

服務規律は雇用されるすべての労働者に適用されるのが原則ですが、性的マイノリティについては実務上の問題が生じやすいポイントがあります。

典型的には**トラスジェンダーをめぐる服装の在り方**が挙げられますが、トイレや更衣室などの施設利用、性別をめぐる申告、服務規律違反による懲戒処分の可否など、論点はさまざまです。必ずしも属性によって明確な区分をすることはできませんが、一般的に下表内で○と示した項目において実務上の問題が生じやすいでしょう。

	氏名	服装	性別申告	施設利用	扶養制度	懲戒	ハラスメント
L					○	○	○
G					○	○	○
B		△	△			○	○
T	○	○	○	○		○	○
Q		△	△			○	○

実務上の問題が生じやすいところ

＊**L**（レズビアン）、**G**（ゲイ）、**B**（バイセクシュアル）、**T**（トランスジェンダー）、**Q**（クエスチョニング、ノンバイナリー）

173

■■■ 服装違反をめぐる2つの基準

就業規則に規定された懲戒事由の内容に該当することが明確な場合、会社は従業員に懲戒処分を科することができます。ただし、その内容は**客観的・合理的な理由があり、社会通念上、相当であることが必要**です（労働契約法15条）。

会社が、業種業態や営業活動の実態、企業文化や顧客との関係性などに照らして自社の服装規定を定めたとしても、従業員が違反した際に懲戒処分を科すことができるかどうかは、法に基づいて総合的に判断されます。

男女別に定められた服装規定に違反した従業員がいた場合、①**その服装規定を守らないことが問題なのか**、②男女別の服装規定の内容以前に**従業員に求められる服装として問題なのか**、状況によって**2つの基準**が問われる可能性があります。

女性社員にパンプスの着用義務がある職場におけるルール違反は①ですが、昨今ではパンプスの着用義務そのものが動揺しつつある規範といえます。男性社員にスーツやネクタイの着用を義務づける在り方なども含めて、**例外を認めない一律的・画一的な運用には疑義が寄せられる可能性もある**と考えられます。

服装規定をめぐる"2つの基準"

従業員としての服装規定
男女問わず求められる共通の規範

男女別の服装規定
性別二元論を
基礎とする規範

第 **5** 章 服務規律・服装規定

氏名・呼称と
ジェンダー

職場における本名使用と通称名使用の実際、法的に通称名への変更が認
められる事例についてまとめ、職場における呼称について規定した就業
規則の条文例を紹介します。

▰▰ 職場での本名使用と通称名使用

個人の氏名は広い意味での**人格権**として認められ、正確に呼称され
る権利があるとされており、職場においても、旧字の常用漢字への置
き換えや慣例として結婚前の旧姓を使用しているなどの例を除いては、
正確な表記や発音をされているのが一般的です。

一方、職場において**通称**を使用したい従業員も存在します。性同一
性障害を理由とする場合のほか、いわゆるキラキラネームの改名、ス
トーカー・DVから逃れるための改名など、さまざまな例があります。

日本では、一定の要件を満たした人が家庭裁判所の許可を得ること
で、戸籍上の名前（氏もしくは名）を**通称名**へ変更することができます。
変更後は、通称名を広く日常的に使用することができ、対外的にも新
しい呼称として定着していくことになります。

最近は学校などでも広く通称名の使用が認められる傾向があります
が、職場においては必ず認めなければならないわけではなく、履歴書
などには戸籍上の氏名の記載を求めるケースが多いです。

従業員から通称名の使用が希望された場合は、原則として拒む理由
はないと考えられますが、職場内での呼称が変更される上での誤解や

175

混乱を避けるためにも、本人と十分に事前の面談を実施し、関係者への理解促進を進めておくことが大切です。

■■■■ 職場での呼称とジェンダー

上司に対して役職名を使わず「さん付け」で呼び合う企業が増えています。最近は役職名や肩書が複雑化していることもあり、「さん付け」は年齢や性別、職制上の上下関係を超えてフラットな関係がつくりやすいことから、**社内の風通しが良くなるケースも多い**ようです。

一般的に、従来は部長には「〇〇部長」、年下男性には「くん付け」、女性や年上の男性には「さん付け」が多く、年少者に対して「ちゃん付け」や呼び捨てをする例もあります。

しかし、呼称や呼び方は、状況や関係性によってハラスメントになりかねないことがあります。例えば、自認している性と一致しない呼称は苦痛を伴うことがあり、実際にトランスジェンダーに対する職場内の呼称が問題とされた裁判例も存在します。職場秩序を維持する上でも呼称の統一ルールの運用は検討に値します。

（職場内での呼称）
第〇条　職場においては、従業員同士の呼称は「さん付け」を原則とし、特に必要がない限りにおいては、「くん」「ちゃん」「さま」などは用いず、年少者に対してもいわゆる「呼び捨て」はしないものとする。
2　役職者に対しての呼称においても、対外的に必要な場面などを除いては、「さん付け」を原則とし、役職名における呼称を強制しないものとする。
3　性的指向及びジェンダーアイデンティティについて悩みや迷いを抱えている従業員に対しては、あえて本人が望まない性別における呼称を使用しないよう配慮するものとする。

服装規定の全体像

職場における服装規定への違反の可否や留意点について整理した上で、具体的な就業規則の服装規定の例、その前提となる身だしなみチェックリストの例について紹介します。

■■■ 服装規定への違反を問うには？

会社は、企業の秩序維持の観点から、従業員が守るべき服装や身だしなみのルールを定めることができます。製造業や建設業における**作業着**や**保護具**、公共交通機関の乗務員や警備業務における**制服**や**制帽**、医療・介護施設の**ユニホーム**、食品製造や調理業務で求められる**清潔な服装**などが典型的な例です。

業務上必要かつ合理的なルールが就業規則に規定・周知されており、従業員がそれに違反した場合は、一定の手続きのもとに懲戒処分を科すことができます。この場合、**就業規則の根拠条文を基礎**とし、違反事実の十分な調査、違反の程度や回数、経緯や理由、会社からの改善指導の実態、本人の反省の度合い、業務やほかの従業員に与える影響などを**総合的に考慮**して、懲戒処分の内容を決めます。

服装や身だしなみは、**個人の表現の自由と業務上の必要性との間の線引きが難しいケースも多い**ことから、懲戒委員会などが設置されていない会社であっても、業務内容や現場の実態に熟知した観点から、複数の関係者の合議などによって会社の意思を集約していく手続きが妥当といえるでしょう。

177

服装規定・身だしなみチェックリストの例

　服装規定は従来、男女別のドレスコードを定めることが多かったといえます。

　しかし、ファッションの多様化やジェンダー観の変化により、男性

服装規定

第1条（適用）　この規程は、従業員の服装と身だしなみについて定めるものであり、会社に雇用されるすべての従業員に適用する。ただし、アルバイトや契約社員（契約期間3か月以下）について、個別の雇用契約において別段の定めをした場合は、その規定によるものとする。

第2条（基本理念）　従業員は、会社が掲げる創業の精神や経営理念をよく理解し、従業員にふさわしい服装や身だしなみに心掛けるものとする。

2　この規定は対象となるすべての従業員に等しく適用されるものとし、業務の性質上必要と判断される場合や、社会通念に照らして合理的と判断される場合を除いては、年齢、性別、国籍、役職、勤続年数などによって差別されないものとする。

第3条（服装・身だしなみの基準）　従業員の服装および身だしなみは、清潔であるもの、働きやすいもの、他人に違和感・奇異感を与えないものを基本とし、職場にふさわしいものでなければならない。

2　次の各号に該当する服装および身だしなみは認められない。

　①業務の効率を阻害するもの

　②他人に奇異な感じを与えるもの

　③他人に不快感を与えるもの

　④著しく派手なもの

　⑤刺激的、挑発的なもの

　⑥その他、従業員としてふさわしくないと判断されるもの

第4条（服装・身だしなみの判定）　服装および身だしなみが適当であるかどうかの判定は、身だしなみチェックリストによる基準などを十分に考慮して、所属長および職場の従業員3名以上の判断により行う。

2　前項により、適当でないと判定されたときは、会社は当該従業員に対して、改善指導を行う。

3　当該従業員が前項の改善指導に従わないときは、就業規則第○条に基づく懲戒処分を行うことがある。

用メイク商品が普及したり、女性の短髪スタイルが認知されたりする時流を受け止めるならば、**基準やチェックリストの内容は原則、男女共通の上で、その他必要な点は業務や職務、現場ごとに判断していくのが自然**かもしれません。この発想によれば、性的マイノリティにとっても働きやすい環境が整備されていくことでしょう。

身だしなみチェックリスト

- □ 洋服にシワや汚れ、ほこりがついていないか？
- □ 洋服のサイズは自分に合っているか？
- □ 色や柄は、目立ち過ぎず、職場に合ったものか？
- □ カジュアル過ぎるコーディネートではないか？
- □ 衛生的な状態を保てる頻度で洗濯しているか？
- □ 汗臭かったり、タバコ臭かったりしないか？
- □ ポケットに膨らむほど物を入れていないか？
- □ 洗顔や洗髪、歯磨きをして清潔に保っているか？
- □ ハンカチやティッシュを持っているか？
- □ 仕事内容にふさわしい髪型や髪色であるか？
- □ 髪の毛は清潔で、前髪は目にかかっていないか？
- □ 長髪の場合は適切に結んだり、留めたりしているか？
- □ 派手なアクセサリーはつけていないか？
- □ 腕時計のデザインや色は派手過ぎないか？
- □ 眼鏡のデザインや色は派手過ぎないか？
- □ カラーコンタクトやアイメイクは派手過ぎないか？
- □ 爪が長過ぎたり、汚れていたりしないか？
- □ ネイルのデザインや色が派手過ぎないか？
- □ 靴のデザインや色は派手過ぎないか？
- □ 靴はきちんと磨き手入れしているか？
- □ 靴底がすり減っていないか？
- □ 靴下やストッキング、タイツのデザインや色は派手過ぎないか？
- □ カバンは職場にふさわしい色やデザインであるか？
- □ カバンに物を詰め込み過ぎていないか？
- □ 強過ぎる香水や香りの強い物をつけていないか？

職場のドレスコードの
歴史

職場における服装の自由化をめぐる社会的な流れについて触れた上で、
働く人のドレスコードと文化を知る上で欠かせない、リクルートスーツ
の歴史と現在についてまとめます。

▮▮▮▮ 職場のドレスコード自由化の流れ

職場の服装の自由化については、2019年頃からKDDI、JR東日本な
どで先進的な試みが見られはじめ、スターバックス、ユニバーサル・
スタジオ・ジャパン、レゴランド・ジャパンなどのサービス・接客業
でも、男女共通のドレスコードを導入し、三井住友銀行、資生堂など
でも**多様化の時代に積極的に対応していこうとする動きが広まりつつ
あります。**

　連合が2019年に実施した調査では、「服装・身だしなみについての
職場での決まり」について「最低限でよい」が54.9%、「本人に任せる
べき」が18.1%であり、「決まりが男女で異なることについて思うこ
と」については「仕方ない」が36.2%、「TPOによって変えるべき」
31.5%とされています（「社内ルールにおける男女差に関する調査2019」）。

　2025年卒の学生を対象とした調査では、「夏期の就活において、リ
クルートスーツ（ジャケット／男性の場合はネクタイ着用）以外の服で就活を
したいと思いますか？」とたずねる質問に対し63.9%の学生が「はい」
と回答し、その理由としては、57.7%が「季節に適した格好をしたい

から」と回答しています（株式会社i-plug実施調査）。

　職場の服装や身だしなみをめぐる考え方には個人の価値観や世代間の認識の違いなどもありますが、職務内容や企業のポリシーなどによって温度差は見られるとはいえ、**若年層の意識を中心に自由化の流れは確実に進みつつある**といえるでしょう。

■■■ リクルートスーツの歴史と現在

　リクルートスーツの歴史や社会的役割については『リクルートスーツの社会史』（田中里尚著／青土社）に詳しく、明治以降の西欧的な社会制度の導入の過程で国策として庶民にも浸透していき、**職場における「男らしさ」「女らしさ」の規範や、出世や社会的地位という価値観と顕著に結びついてきた**ことが知られます。

　1950年代から徐々に社会人のシンボルになっていったスーツ（背広）は、70年代には大学生協やデパートによるスーツ販売キャンペーンによって**就活の標準服**となり、ニーズの拡大による色やデザインの多様化を経つつ、バブル崩壊が起きた90年代以降は黒紺中心の伝統的なスタイルへの回帰が進みました。

　ところが2020年代のコロナ禍によるオンライン面接の普及はリクルートスーツの在り方を一変させ、面接時だけスーツを借りるスーツレンタルなどの増加を経て、コロナ収束後も、学生の意識の変化などを踏まえて**私服面接や自分らしい服装での面接**を認める企業が増えつつあります。

環境省が熱中症対策として日傘利用を推奨し、外回りの営業マンも日傘をさす時代です。男性従業員のみにスーツやネクタイの着用を義務づけるような服装規定や社内慣習は、スーツ離れが顕著な若者世代の採用戦略を見据え、男女の職場での役割意識の固定化から無意識のうちにハラスメント要素が醸成される懸念を払拭する意味でも、改革や改善が求められているといえるかもしれません。

第 5 章　服務規律・服装規定

男性社員・女性社員と
ドレスコードの横断理解

企業が適正な服装規定を運用する上でのポイント、厳格すぎる規定を適用することのリスクについて整理し、男女別のドレスコードを維持していく場合のパターンについてまとめます。

■■■ 厳しい服装規定を設けることのリスク

　職場のドレスコードをめぐる社会常識は変化しつつありますが、それでも顧客との信頼関係の維持・獲得が求められる業種・職種の実態や、高い世代を中心とする保守的な感覚からすれば、男性がスーツにネクタイ、女性がメイクをしてパンプスを着用するのが常識であり、現実問題として**一朝一夕に社内改革をすることは困難**です。

　そもそも経営陣の考えとして男女別の服装が前提とされている場合には、**若手社員の服装に対する感覚のズレは、根本的な企業カルチャーに対する挑戦**であり、人事担当者や直属の上司は、ときに板挟みの状況になることもあります。

　企業が適正な服装規定を定めて運用するのは職場秩序を維持する上で不可欠な営みですが、あまりに厳しい規定や時代の流れを反映しないルールは、次ページ表に示したリスクがあります。
　ドレスコードの詳細は、就業規則や関連規程の明文規定ではなく、チェックリストや現場判断によるケースが多いと思いますが、実際の運用面も含めて考慮していきたいものです。

183

時代の流れを反映しない厳格なルール策定のリスク

- 新しい感覚を持った新卒や若手から敬遠されるようになり、優秀な人材の採用が難しくなる
- 男性社員を中心とする保守的なカルチャーの変革が進まないことで、女性社員の活躍が見込まれず、ハラスメントの土壌にもなる
- LGBTQを始めとするマイノリティの採用や活躍が妨げられ、多様性を認め合う企業イメージも打ち出ししくくなる

■■■ 男女別のドレスコードを維持するには？

　男女別のドレスコード自体は間違ったものではありませんし、企業が歴史や伝統に根ざしてそれ相応の服装を守ることを従業員に求めることは、事業の在り方としても正当性があると考えられます。

　この場合、憲法第13条で保障される**自由権**との考量が問題となり、裁判などでも個人の表現の自由と業務上制約の必要性などが争われることがあります（神戸地判平22・3・26など）。

　実務的には下表のような方法による対応が望ましいでしょう。

パターン1　会社規則によって制服・準制服を運用する

①男女ごとの制服を定めて着用を義務づける

②男性はスーツ、女性は制服着用を義務づける（この場合は女性の制服に一定の弾力的運用を認め、男性に一定の服装手当を支給する）

③男女ごとに服装規定に基づく「準制服」を定めて、一定の服装手当を支給する

*いずれの場合も本人の希望に合わせて男女別の服装の弾力的な運用をはかることが望ましい

パターン2　企業理念や社長方針の中で示す

「当社の従業員がスーツ（制服）を着用する意味」をトップメッセージとして発信する

第 **5** 章　服務規律・服装規定

マイノリティと
ドレスコードの横断理解

職場でのドレスコードをめぐる慣習のチェック項目をまとめ、マイノリティに優しいドレスコードの在り方の一環として、ドレスコードの見直しの方向性に触れます。

■ ドレスコードをめぐる慣習とマイノリティ

多くの企業では、就業中のドレスコードについて、程度の差こそあれ**「男らしさ」「女らしさ」**を求めています。

就業規則や服装規程で男女別の具体的な規定を置いていなかったとしても、事実上の社内の慣習として、男性に求める服装と女性に求める服装が異なることは少なくありません。

この場合、**性的マイノリティは深刻な葛藤に直面することになります**が、これはトランスジェンダーに限らずノンバイナリーについても同様です。

まずは慣習の実態を冷静かつ正確にチェックすることが大切でしょう。

ドレスコードをめぐる慣習のチェック

□就業規則や服装規程などで明文の規定は置かれているか？
　　→社内の慣習を根拠に事実上の制約が課されている可能性
□業務遂行上の必要性の範囲内にあるか？
　　→接客業務、営業職など、対面業務・対人折衝の度合い
□労働者の利益や自由を過度に侵害していないか？
　　→髪型や髭、ネイルなど、私生活への影響の大きさ
□男女ごとのドレスコードの取り扱いの必要性は？
　　→男女共通の制服の導入や、私服の適用の可能性

185

■ マイノリティに優しいドレスコードの在り方

　昨今では女性のスラックスや短髪のみならず、男性のメンズメイクやカジュアルな服装も徐々に認められる社会風潮に変わりつつあり、とりわけ**ノンバイナリーの人にとってはドレスコードにおける男女の壁が限りなく低くなってきている**といえます。

　例えば、ある医療現場では、従来は医師とそれ以外の医療従事者との間にドレスコードをめぐる男女格差があったところ、服装自由化を進めたことにより、さまざまな問題が解消に向かったという例もあります。

　慣習のみに拘束されることなく、**未来志向の柔軟な視点**から、業務上の必要性や合理性との均衡に配慮しつつ、必要に応じて見直しを検討していきたいものです。

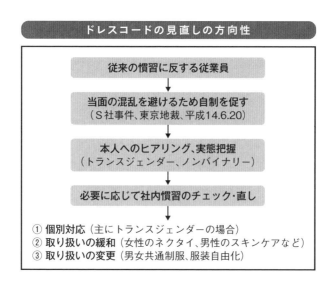

男性社員にお伝えしたいこと
〜服務規律・服装規定〜

誇らしくスーツに袖を通す男性と、スーツ離れが加速する男性に二分化される時流について触れ、男性目線から見た女性社員のドレスコードの変化について考えてみましょう。

■ あなたはなぜスーツを着るのでしょうか？

　もしかしたら、あなたは入社以来、ずっとスーツを着ているかもしれません。社会人としての原点を大切に、雨の日も風の日もスーツを着こなしてきたとしたら、今では「その道のプロ」とも呼べる模範的な先輩なのでしょう。

　最近は職場での服装も多様化し、コロナ禍以降は**カジュアル化**に拍車がかかっていますが、その中でもビシッとスーツを着こなしている姿は、ビジネスマンの鏡といえるかもしれません。

　一方で、ここ数年、職場やそのまわりでも、男性のスーツ離れが進んできたと思いませんか。誇らしくスーツに袖を通す人がいる反面、「暑い夏や寒い冬のスーツは嫌だ」「自分らしい服装で働きたい」という人が増えているのも現実です。**社内ルールを見直して服装を自由化したら、新卒応募者が増えた企業はたくさんあります。**

　あなたは、こんな流れをどう受け止めますか？　今は**スーツ離れ＝社会人基礎力の低下といいきれない世の中**かもしれません。

　スーツを着たくないという人には２つのパターンがあります。１つ

は、日本の四季の寒暖差に合わず、肩が張って動きにくく、首元が苦しいという**機能面が嫌**な人。2つめは、画一的で多様性がなく、**自分らしいファッションや自己表現ができないから嫌**な人。

必ずしもトランスジェンダーの人とは限らないことに注意が必要ですが、先輩社員であるあなたには、こうした考えや感受性を持った人も少なくないことを知ってほしいものです。

■■■ 女性社員＝「女らしい」服装でしょうか？

現場にもよりますが、最近はあらゆる業種業態で女性が活躍しており、管理職やリーダー役を務める人も増えてきました。

彼女たちの服装は多様性に満ちていると思いませんか？

異性のドレスコードにはうとくなりがちかもしれませんが、後輩を指導する立場となれば、男女の均衡を考えた現場の管理という視点からも、まったく関心を持たないわけにはいかないでしょう。

ある女性社員がとても派手な服装で出社してきたとします。

男性は全員スーツの職場に、真っ赤な洋服に身を包んだ彼女を見て、あなたはどう思いますか？

年配の人であれば「紅一点」と思うかもしれませんが、今はそんな時代ではありませんから、性別こそ違えど、同じ職場で同じ仕事をしている一員の姿として、冷静に向き合う必要があります。

不用意に声を掛けたらハラスメントといわれかねないと思うかもしれませんが、むしろ**女性社員だから「女らしい」服装が当たり前という発想のほうが、本質的にハラスメントの素因を醸成する**という側面も認識してほしいものです。

女性社員にお伝えしたいこと
～服務規律・服装規定～

女性の先輩の視点から、職場で求められる「女性らしい」服装について考え、なかなか女性活躍推進が進まない日本の職場における、マイノリティからの目線の意義について検討してみましょう。

新しく職場に入った女性の先輩として

職場で頑張ってきた女性として、新たに女性社員が入社すると、どこか心強く感じることがあるかもしれません。

必ずしも男性社員が男性の先輩、女性社員が女性の先輩を求めるとは限りませんが、同性の社員に安心感を覚えるのは今も昔も変わらないでしょう。

あなたは同じ女性の後輩に、どのように接しますか？
女性活躍が叫ばれ、あらゆる職場に女性が増えている時代ですが、現場では**マイノリティ**であることがほとんどです。
むしろ、フェミニズムの世界で起こった**バックラッシュ**（過剰な反対や誹謗・中傷）のような現象が、多かれ少なかれ垣間見えるのが現実かもしれません。

あなたの職場が典型的な「男性社会」でないとしても、無意識のうちに男性は女性を良くも悪くも異質な存在と扱います。
ですから、あなたはまず、**笑顔で温かく女性社員を迎え、同じ女性**

として何でも聞いてあげられるオーラを放っていきましょう。

職場での規律や服装についても、女性は特有の課題を抱えることがあります。今では女性のみが制服という職場は少ないですが、もっぱら来客対応などの必要があったり、事実上の慣習として「女性らしい」服装が求められたりすることがあります。

多くの男性は女性を取り巻く現状に無頓着ですから、そうした実態に後輩の女性が疑問や不安を抱く場面では、先輩であるあなたが同じ目線に立って問題意識を共有できるよう手を差し伸べることも大切です。

女性活躍が叫ばれる時代だからこそ、逆説的に同じ女性としての価値観を共有できる存在が求められる場面が多くなってきているのかもしれません。

■ 若い男性社員に与える影響を考えよう

多くの現場では、男性は男性どうしのつながりが強化されることで組織としての一体感が高まり、集合的な成果が期待されます。

このような構図は、事実上、女性が排除されがちという深刻な課題を抱えることが多いですが、同時に男性の中でも**男性どうしの集団論理に身を任せられない人が孤立したり、閉塞感を持つという問題も顕在化**します。

表面的には若手の男性の能力不足や協調性の欠如という流れで片付けられがちですが、あえてそうした論理とは一線を画す、**女性である**

あなたの存在が、無意識のうちに大きな盲点に気づかせたり、新たな視点を喚起するケースもあります。

　あなたが今までに数々の努力を重ねてきたキャリアは、後輩として続く女性社員のロールモデルとなり得るだけでなく、慣例や慣習が支配する職場のルールやカルチャーに馴染まないマイノリティの人が自己変革するための勇気やヒントを与える可能性もあります。

　例えば、トラスジェンダーやノンバイナリーの人にとって、職場での服装をめぐるルールは許容できない困難や不自由となることがあります。
　あなたが女性の立場から、ドレスコードの緩和や自由化への理解を示すことで、**職場での課題の方向性が「異質な個人」への対応という視点から、「マジョリティ女性」を含めて集約され、より大きな視点で観ることができる**と考えられるでしょう。

管理職にお伝えしたいこと
～服務規律・服装規定～

「会社のルール」をめぐる職場の今と昔について振り返り、職場における「自由な服装」の可否と許容範囲について、あらためて冷静に検討してみましょう。

■ そもそも「会社のルール」とは何でしょうか？

　現場で部下をあずかるあなたは、時代の変化を痛感することが多いのではないでしょうか？　最近の若者は、仕事は仕事と割り切ってプライベートを重視し、周りの空気を深く読んで行動せず、かつては当たり前だった暗黙のルールすら守ってくれない人が多い。

　かといって、お客様や会社の上層部の多くは、「昭和の時代」のカルチャーそのものという人が多いため、**中間管理職の自分が板挟みになってしまう**。世代の違いや時代の流れという言葉で片付けるには、あまりにも残酷な構図があなたを襲っているかもしれません。

　そもそも「会社のルール」とは何なのでしょうか？
　法律や就業規則で定められた規定であれば、それを守るのは当然ですが、**問題になりがちなことは、必ずしも強制力のあるルールで計れないことがほとんど**です。仮に40代の管理職からすれば常識だと思う気遣いであったとしても、20代の新入社員からすると、そんな振る舞いを自分がしなければいけないことが理解できない――、こんなパターンがよく見られます。

「答えは一つではない」が客観的な見立てかもしれません。あなたの意見がもっともなら、新入社員の考えも間違いではない。とするなら、**あなたの役割は、20代の声と40代の声（あなた自身も含めて）を公平に調整すること**にあるのではないでしょうか。

ジェンダーの視点に立つと、職場でこうした機能が期待される場面が多いことを痛感するものです。

■■■ 「自由な服装」は職場を乱すでしょうか？

服装の乱れは、心の乱れと言われて育った人もいるでしょう。

あなたに子どもがいたなら、その子の身だしなみが大きく変化したら気になってしまう。社会人にも当然に規律が求められますから、若手社員や女性社員などの服装は、ときに心配の種になるものです。

なぜ彼ら彼女たちは「自由な服装」を求めるのでしょうか？

気持ちの緩みや職務に対する不誠実さ、会社に対する反発心というケースもあるでしょうが、そうではないことも多々あります。

仮に男性社員がメイクをして出社したとして、彼の心の乱れや反発心がそうさせているのでしょうか？ **上司であるあなたが先入観で決めてかかることには大きなリスクがつきまとう**でしょう。

多くの就業規則では男性社員が化粧することを想定していません。メンズコスメの普及が進んだ現実との乖離に、現場が追い付いていないのが実際です。あなたには従来からの規範の意義を考慮しつつ、**時代の変化を受けた社員の声を集約していくバランス感覚が求められている**といえるかもしれません。

経営者にお伝えしたいこと
～服務規律・服装規定～

「経営者＝ルール」という構図の時代が終わった意味について考え、マイノリティへの配慮の視点のみにかかわらず、従来からの慣例が本当に必要なのかを本質的に問う機会をつくってみましょう。

■ 「経営者＝ルール」の時代の矛盾と限界

経営者は**会社の顔**です。だから、従業員は当然のようにあなたの存在を意識して仕事をしていますし、対外的にもあなたの言葉や行動は会社の意思として**常に注目されています**。

もちろん会社の規模や社風にもよりますが、経営者は自然人でありながら会社と一体不可分な存在であり、その言動のみならず価値観やオーラなどが全体として会社の意思と受け止められるのが通常といえるでしょう。

会社の規律や秩序をめぐるルールという視点でいうならば、**「経営者＝ルール」**というとらえ方をすることも可能であり、かつてはこのような理解や方針のもとに経営手腕を発揮するオーナー経営者が多数存在し、**「名物社長」**として積極的に評価された時代もありました。

企業の社会的責任や高いコンプライアンス意識が求められる昨今、さすがに「経営者＝ルール」という構図はほぼ表舞台から姿を消しつ

つありますが、経営者は従業員が守るべきルールに厳しさを求め、従業員はできる限り会社から自由になりたいと望むという発想自体は、それほど変わっていないのかもしれません。

しかし、第1章でも述べたように、今は会社が従業員に自由になることを求め、逆に従業員が会社からの「進歩的な規制」を歓迎する時代でもあります。

もしそれが、会社が頑張って従業員を律することで成果があがるという方程式に修正が求められることを意味するのだとしたら、経営者であるあなたは、むしろそうした時流を先取りし、「経営者＝ルール」の発想の残像から、**「原則自由の中での規制」**といった発想へと、ベクトルを切り替えていくべきかもしれません。

■■■ 服装の自由化の先に見える景色は？

業種や業態にもよりますが、コロナ禍の3年間を挟んで、**自由な服装で仕事をする経営者**が増えてきました。

コロナ禍は働き方や労働時間管理の在り方などについて、さまざまな問題提起や試行が実現する機会になり、結果としてドレスコードの見直しや変革につながるケースも多く見受けられました。

なにごともそうですが、従来からのルールや慣例を見直すには、社会改革に向けたエネルギーが必要です。同時にそれを実現するために必要な目的や大義名分、大局的な時代の流れも求められます。

「ジェンダーが問われる時代」とか、「マイノリティへの配慮」といった視点にかかわらず、大所高所に立って、**従来からの慣例が本当に**

195

必要なのかを本質的に問うことは、経営者であるあなたの判断にかかっているといえます。

　もちろん、企業経営において歴史や伝統は十分に尊ばれるべきですし、「新しいから」という理由で変化することが正しいとは限りません。

　その上で、服装自由化や規制緩和の先にどんな景色が見えるのか、具体的にイマジネーションをめぐらすのは有意義なことだと思います。

　良くも悪くも経営者が変われば会社が変わりますが、**あなた自らが経営者として豊かな多様性を包摂する姿を見せることは、マイノリティに勇気を与えるだけでなく、多くのマジョリティの潜在能力を開拓することにもつながり得る**のではないでしょうか。

第 6 章

ハラスメント・懲戒

ハラスメント・懲戒の
全体像

会社はハラスメントや規律違反を行った従業員に対して、一定の要件と手続きによって懲戒処分を科することができます。ここではパワハラの場合の懲戒処分の流れについて整理してみましょう。

■■■ 会社が懲戒処分を行うための要件

　会社は、従業員が守るべき規律に違反した際、一定の要件と手続きに従い、**譴責、減給、懲戒解雇などの懲戒処分**を科することができます。これは手続き義務違反や情報漏洩といった一般的な規律違反のほか、被害を受けた従業員に身体的・精神的苦痛を与えることで、職場秩序を乱し適正な業務遂行を妨げる**パワーハラスメント**（パワハラ）や**セクシュアルハラスメント**（セクハラ）の加害者についても同様です。

　会社は、規律違反があれば自由に懲戒処分できるわけではなく、原則、右表の要件をすべて満たす必要があります。

満たすべき要件
□就業規則に懲戒事由が明記されている
□懲戒事由に該当する事実があること
□客観的・合理的理由があること（労働契約法15条）
□社会通念上相当であること（同上）
□懲戒処分の適正手続きを経ていること

　懲戒処分を行うためには、あらかじめ就業規則で懲戒の種別（譴責・減給など）と具体的な事由が規定されていることが必要です（フジ興産事件、最高裁二小・平15.10.10）。従業員が起こす可能性があるハラスメント事

案について、あらかじめパワハラ防止規程やセクハラ防止規程に網羅し、具体的に懲戒事由を規定しておきます。

懲戒の種別の例	
譴責	始末書を提出させ、厳重注意する。
減給	始末書を提出させて、減給する。ただし、1回につき平均賃金の1日分の半額、総額においては一賃金支払期の賃金総額の10分の1を超えない範囲でこれを行う。
出勤停止	始末書を提出させ、10労働日以内の出勤を停止し、その期間の賃金は支払わない。
諭旨解雇	懲戒解雇相当の事由がある場合で、本人に反省が認められるときは退職願を提出するように勧告する。ただし、勧告に従わないときは懲戒解雇とする。
懲戒解雇	予告期間を設けることなく即時解雇する。この場合において、所轄労働準監督署長の認定を受けたときは、予告手当を支給しない。なお退職金も同様とする。

■ パワハラの場合の懲戒事由

パワハラとは、職場における**職務上の地位や人間関係などの優位性を背景**

> **具体的な要件**
> ①職場における優越的な関係を背景とし、
> ②業務上必要かつ相当な範囲を超えた言動により、
> ③精神的・肉体的苦痛を与える／職場環境を悪化させること

に、業務上の適正な範囲を超えて、精神的・肉体的苦痛を与えたり、職場環境を悪化させる言動のことをいいますが、具体的には上表の要件にあてはまるものを指します。

199

適正な範囲の業務指示や指導はパワハラには該当しないため、本人が主観的にパワハラだと感じても、客観的にはパワハラとは認定されないこともあります。

　パワハラの認定や懲戒処分にあたっての**立証責任は会社側にある**ため、被害者・加害者からの事情聴取や客観的な裏付け証拠による事実認定がきわめて重要となります。

■ 懲戒処分の手続き

　会社が懲戒処分を検討・決定するにあたっての流れは、以下のような手順となります。

処分の決定には、事実確認、事情聴取、弁明の機会の付与などの適

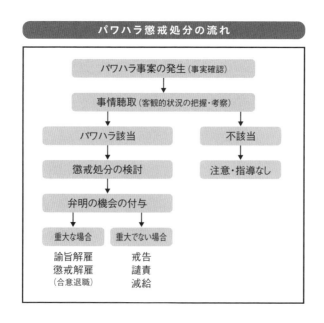

正な手続きが求められます。

　事実に反する処分が行われたり、懲戒処分の程度が適当でなかった場合だけでなく、適正な手続きがとられない場合も懲戒処分の有効性が問われることがあるため、十分に留意すべきでしょう。

■■■ マイノリティに対する懲戒処分

　懲戒処分は、会社に対して専横な態度をとる従業員や、ハラスメントの加害者に対して行われるだけでなく、本書で取り上げているような**マイノリティである従業員が対象となることがあります**。

　性的マイノリティの例でいえば、主に以下の内容が考えられます。

　これらの行為が仮に就業規則に違反するとして懲戒処分を検討する場合、事実

**性的マイノリティを懲戒処分にするか否かで
問われる主な内容**

- 職場における性別の申告や名前の使用（経歴、届出書類など）
- 制服の着用や身だしなみ
- 家族手当や慶弔見舞金、社宅などの福利厚生
- トイレや更衣室などの施設利用

確認や状況確認、動機や目的、本人の意思などを確認するために事情聴取を行うことになります。

　マイノリティ当事者に対して実施する場合は、性別・性自認・性的指向などについて会社側が差別的な対応をとらないための十分な配慮が必要です。具体的には、**本人が信頼する同性の従業員の同席やオンラインによる事情聴取**、状況によっては**会社が指定する方式に基づく書面による聴取、本人が希望する同僚などからの事情聴取や意見書の提出**なども柔軟に検討したいものです。

201

セクハラと懲戒

会社は、法律に基づいてセクハラ防止のための体制を整える義務を負っています。セクハラが発生した場合の懲戒処分は、あらかじめ厳正に処分する内容の規定などを準備しておくことが必要です。

■■■ 「セクシュアルハラスメント」の該当行為とは？

職場でのセクシュアルハラスメント（セクハラ）は、男女を問わず、相手方の意思に反する性的な言動により、相手方の権利・利益・就業環境を侵害することをいい、**セクハラ被害従業員からの法的責任追及は、加害従業員のみならず事業主にも及びます**。

法律上、労働施策総合推進法や男女雇用機会均等法がハラスメント防止のための指針を定めています。企業はこれらの法律に基づき、ハラスメント防止のための体制を整える義務があります。

■■■ 懲戒処分の適用とその手順

セクハラが発覚した場合、企業は適切な調査を行い、懲戒処分を適用することが求められます。調査は公正かつ徹底的に行われるべきであり、**関係者全員からのヒアリングを含むことが一般的**です。

加害者（被害者と同じ会社の社員、取引先の第三者等）は刑事上、民事上、さらには就業規則（服務規律、起業秩序維持）の規定に基づき法的な責任を

セクシュアルハラスメントとは

「職場」において行われる「労働者」の意に反する「性的な言動」により、労働者が労働条件について不利益を受けたり、就業環境が害されること

職場とは

均等法11条1項でいう「職場」とは、事業主が雇用する労働者が業務を遂行する場所をいいます

対価型セクハラ
性的な言動に対する対応によって、男女従業員の雇用や労働条件に不利益を受けること

性的な要求に対して抗議・抵抗

それに対して解雇・降格・配置転換など

労働条件の不利益を受ける嫌がらせ

環境型セクハラ
性的な言動により、男女従業員の働く環境が害されること

職場関係を損なう性的な言動

不快感や苦痛を感じ、仕事に支障をきたす

労働環境として能力を発揮できない

追及されることになります。

　刑事上は、加害者の行ったセクハラ行為のうち、刑法（強制わいせつ罪、名誉毀損罪、侮辱罪等）、軽犯罪法、迷惑防止条例、ストーカー規制法等に抵触する部分に関して刑事責任が追及されます。

　<u>被害を受けた従業員から会社に対する法的責任の追及については、損害賠償請求や都道府県労働局長への是正指導の申し立てなどが行われます。</u>

事業主は、会社として**セクハラがあってはならない旨の企業方針の明確化**や**セクハラ加害者を厳正に処分する内容の規定**などを準備することが求められます。

事業主が雇用管理上、行うべき措置

Point1 事業主の方針の 明確化とその周知	• 自社（事業主）のセクハラ防止についての基本方針や具体策を定める • セクハラ行為者への懲戒処分等、就業規則へ記載する
Point2 相談に応じる ための体制整備	• 相談窓口を設置する • 苦情の申し出、対応の手続き等、担当者を決めておく
Point 3 セクハラ発生時の 迅速適切な対応	• 事実関係の迅速かつ正確な確認 • 被害者に対する適切な配慮と行為者に対する適正な措置の実施 • 再発防止に向けた措置の実施
Point 4 その他の措置	• 相談者、行為者のプライバシー保護に必要な措置 • 相談者、協力者に対する不利益な取り扱いの禁止 • 研修などによる理解促進

出所：厚生労働省「男女雇用機会均等法」「労働施策総合推進法」

パワハラと懲戒

会社は、パワハラ防止法によるパワハラ防止措置を講じる必要があります。ここではマイノリティに対するハラスメントを考える前提として、パワハラの行為類型と判断のポイントを整理します。

■ パワハラ防止法の改正・施行

2000年代に**職場のいじめなどによる労災認定判定が続発**したことを契機に注目されたパワーハラスメント（パワハラ）は、職場の環境を根本的に害しかねない深刻な問題として、近年ますます予防措置や対策の重要性が指摘されています。

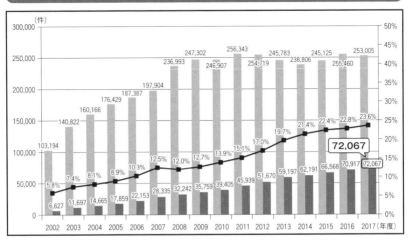

都道府県労働局「民事上の個別労働紛争相談件数」におけるいじめ・いやがらせ件数とその割合の変化

※いじめ・嫌がらせ件数・割合は相談内容の全体（内訳延べ合計件数）に占める件数および割合表示
※内訳延べ合計件数は1回の相談で複数の内容にまたがる相談が行われた場合に複数の内容を件数として計上したもの
出所：厚生労働省「平成29年度個別労働紛争解決制度の施行状況」より

2011年に厚生労働省のワーキンググループがパワハラの定義を定め、2020年には**パワハラ防止法**（労働施策総合推進法）が改正・施行され、企業にパワハラ防止のための対応を義務づけています。

■ パワハラの行為類型

　パワハラとは、職場における権力関係を利用したいじめや嫌がらせのことを指します（労働施策総合推進法）。職務上の地位や人間関係などの

職場におけるパワハラの行為類型

①身体的な攻撃
- 殴打、足蹴りを行う
- 相手に物を投げつける
  提案書を上司に提出したところ「出来が悪い」と灰皿を投げつけられて額を割る大けがをした……

②精神的な攻撃
- 人格を否定するような言動
- 必要以上に長時間に亘る厳しい叱責を繰り返す
- 人前で大声での威圧的な叱責を繰り返す
- 相手の能力を否定し、罵倒するような内容の電子メール等を複数者宛に送信する

③人間関係からの切り離し
- 意に沿わない者に対して、仕事を外し、長期間にわたり、別室に隔離したり、自宅研修させたりする
- 一人に対して同僚が集団で無視し、職場で孤立させる

④過大な要求
- 長時間、肉体的苦痛を伴う過酷な環境下で業務に直接関係のない作業を命ずる
- 新卒採用者に対し、必要な教育を行わずに到底対応できないレベルの目標を課し、達成できなかったことに対し厳しく叱責する
- 業務とは関係のない私的な雑用の処理を強制する

⑤過小な要求
- 管理職を退職させるため、誰でも遂行可能な業務を行わせる
- 気に入らない者に対して嫌がらせのために仕事を与えない

⑥個の侵害
- 職場外でも継続的に監視したり、私物の写真撮影をしたりする
- 性的指向・性自認や病歴、不妊治療等の機微な個人情報について、本人の了解を得ずに他者に暴露する

職場内での優位性を背景に、業務の適正な範囲を超えて、精神的・身体的苦痛を与える、または職場環境を悪化させる行為がこれに該当します。

典型的には上司から部下へのいじめ・嫌がらせなどを指しますが、先輩・後輩間や部下から上司に対して行われるものもあります。意図的に無視を続ける、暴言を吐くといった行為も該当します。

■ パワハラの判断ポイント

パワハラに該当するか否かを判断する上で、**①職場での優位性に基づくか、②業務の適正な範囲といえるかどうか、という2つの要素が重要**です。

被害者と加害者双方からの聞き取り、目撃者の証言、関連する書類の確認が行われます。

パワハラの判断ポイント

	項目	内容
1	指導・指示と業務との関連性や必要性	業務上必要かどうか →「気に入らないから」だけはNG
2	言動の内容	・人格を否定していないか ・個人の権利を侵害していないか
3	言動の態様	・言い方が威圧的、陰湿ではないか →大声で怒鳴る、陰で誹謗中傷する ・繰り返し行っていないか
4	発言の場	発言の場に配慮があったか →多くの人がいる場での発言等
5	職場環境	・普段の職場環境に配慮はあったか ・発言しにくい環境になっていなかったか

出所：厚生労働省「職場のパワーハラスメント防止措置の実施について」「労働契約法」

職場におけるパワハラの予防策は、セクハラの場合のフローと共通点が多いので、202ページの項も参照してください。

性の在り方の４要素

性の在り方には４つの要素があり、その組み合わせによって、さまざまなパターンがあります。このような実態に基づいて、もっと広く性をとらえる概念として出てきたのがSOGIという考え方です。

■■■ そもそも「SOGIハラ」とは？

SOGIとは、「誰を愛するか」という**性的指向**（Sexual Orientation）と「自分は何者であるか」という**性自認**（Gender Identity）のことを指し、それぞれの頭文字をとってSOGIといいます。誰もが等しく持っている要素を表現したものとして、LGBTを含む概念であり、さらに包括的な概念だといえます。

Sexual Orientation
性的指向
誰を愛するか？

&

Gender Identity
性自認
自分は何者か？

SOGIは、誰もが等しく持っているもの

LGBTQ＋

レズビ
アン

ゲイ

バイセク
シュアル

トランス
ジェンダー

クイア
クエスチョ
ニング

SOGIをめぐる考え方は、人間が自分自身をどのように認識し、他者とどのような関係を築いていくかに関わる、個人的な属性・とらえ方として尊重されるべきものです。

セクハラを含む性的指向や性自認に基づく差別や嫌がらせのことをSOGIハラスメント（SOGIハラ）**といいます。**

LGBTQ＋の個人に対する偏見や差別的な行為を含み、職場環境を著しく悪化させることがあります。

パワハラ防止法の指針では、パワハラの6類型（①身体的な攻撃、②精神的な攻撃、③人間関係からの切り離し、④過大な要求、⑤過小な要求、⑥個の侵害）が記載されています。

②精神的な攻撃の該当例として、**「性的指向・性自認に関する侮辱的な言動を行うこと」**が、⑥個の侵害に該当しない例として**「労働者の了解を得て、当該労働者の性的指向・性自認や病歴、不妊治療等の機微な個人情報について、必要な範囲で人事労務部門の担当者に伝達し、配慮を促すこと」**が挙げられています。

プライバシー保護に関しては**「性的指向・性自認や病歴、不妊治療等の機微な個人情報も含まれる」**とされ、事業主の責務として個人情報を守りプライバシーを保護するよう注意喚起されています。

■■■ SOGIハラの具体例

具体例として、ある企業での事例を挙げます。

社員Aは、自身の性的指向を同僚に打ち明けたところ、上司Bから繰り返し、**「男らしくしろ」「そんな趣味は異常だ」**といった言葉を浴びせられました。また、**業務上の評価が不当に低くされたり、プロジェクトから外されたりする**ことが続きました。

このような行為は、明らかにSOGIハラスメントに該当します。

また、本人の同意なく「あいつはゲイ（レズビアン）」だと性的指向等を暴露する、いわゆる**アウティング**被害も起こさないように注意が必

要です。アウティングは、カミングアウトした本人が学校や職場に行けなくなるなど、深刻な被害を引き起こします。

法律的には、労働施策総合推進法や男女雇用機会均等法が**SOGIハラスメントの防止**を求めています。企業は、ハラスメント防止のための教育や体制の整備を行う義務があります。

下表に示したような無自覚な言動は**マイクロアグレッション**（無自覚な差別・偏見）と呼ばれます。ハラスメントのない環境づくりのために留意したい重要なポイントですので参考にしてください（次ページ「マイノリティとハラスメントの横断理解」の項目参照）。

無自覚のSOGIハラにつながる例

男性に対しての「決めつけ」	女性に対しての「決めつけ」	性への「決めつけ」
・男は大黒柱なんだからしっかりしろ ・男のくせに酒も飲めないのか ・男のくせに力がないのね ・男は弱音をはくな ・男のくせに根性がない ・男がお茶を出すなんて情けない	・女性は、外で働くより家で子どもを育てていればいいんだ ・女性はサポート役が向いている ・お茶を出すのは女性だろう ・受付は若い女性がいいに決まっているだろう ・女性は管理職になりたがらない	・人は誰かを好きになるものだ ・性的な関心があるのが普通だ ・世の中には男性と女性しかいない ・子どもをつくりたがらないのはおかしい

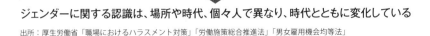

ジェンダーに関する認識は、場所や時代、個々人で異なり、時代とともに変化している

出所：厚生労働省「職場におけるハラスメント対策」「労働施策総合推進法」「男女雇用機会均等法」

第 6 章 ハラスメント・懲戒

マイノリティとハラスメントの
横断理解

日本におけるハラスメントを巡る環境は大きく変化してきています。以下、異なるマイノリティグループに共通するハラスメントの問題点を整理し、対応策を考えたいと思います。

■■■ マイノリティに対するハラスメントの種類と影響範囲

性的マイノリティ（LGBTQ＋）は職場で差別的な発言や行動の対象となることが多いです（209ページのSOGIハラの具体例を参照）。

同様に、人種・民族的マイノリティに当たる**外国籍の社員や特定の民族に属する社員**は、言語や文化の違いを理由に差別的な扱いを受けることがあります。例えば、特定の国籍を理由に重要なプロジェクトから外されたり、同僚からの無視や陰口にさらされたりします。

身体的、精神的に障害を持つ社員は、職場での偏見や無理解に直面することがあります。例えば、車いすを使用する社員が適切なバリアフリーの環境が整っていない職場で働くことを強いられる場合や、上司から「もっと努力すればできる」と不適切に叱責される場合などです。

各マイノリティグループに対するハラスメントには、共通の特徴があります。具体的には、**差別的な発言、無視や排除、業務上の不利益処分**などが挙げられます。

これらの行為は、被害者の自尊心を傷つけ、職場環境を悪化させま

211

す。そして、その影響は個人にとどまらず、組織、社会への悪影響につながります。

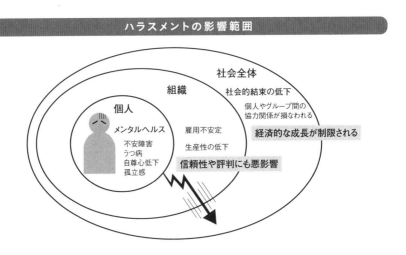

注意すべきことは、**これらのマイノリティに対するハラスメントは、発した側にまったく悪意がないにもかかわらず、受け手の心に深いダメージを与え得る**ということです。

マジョリティにとって、意図的かどうかにかかわらず、無意識のステレオタイプや偏見に基づいてマイノリティのことを否定したり、侮辱する言動をしたりすることを、micro（微細な）とaggression（攻撃性）を合わせた造語として**マイクロアグレッション**（Microaggression）と呼びます（210ページの項目参照）。

■ 障害者に対するハラスメントの種類と対処法

障害者雇用における離職理由の上位には、「人間関係の悩み」「職場

に馴染めなかった」が挙げられます。

　2020年の厚生労働省の調査によると、障害者虐待の通報・届け出のあった事業所数は1,227事業所で、その内、虐待が認められた事業所数は401事業所でした。

　また、障害者虐待の通報・届け出の対象となった障害者数は1,408人で、その内、虐待が認められた障害者数は498人でした。

　この結果は前年度と比べると25%以上減少していますが、今なおハラスメント被害に遭っている人がいる現実があります。

障害者に対するハラスメント

	種類	内容
1	身体的虐待	**身体に外傷が生じるおそれのある暴行を加えたり、正当な理由なく障害者の身体を拘束したりすること** ・ミスをしたことによる体罰　・監禁して仕事をさせる　・怪我のおそれのある危険な仕事をさせる
2	性的虐待	**障害者にわいせつな行為をすること又は障害者をしてわいせつな行為をさせること** ・身体を触られたり、抱きつかれたりする　・卑猥な会話を（聞きたくないのに）聞かされる
3	言動の態様	**障害者に対する著しい暴言又は著しく拒絶的な対応その他の障害者に著しい心理的外傷を与える言動を行うこと** ・大勢の前で怒られた　・ミスを叱るだけでなく、「バカ」や「アホ」などの悪口を言われた　・人格や障害を否定するような発言　・有給休暇の申請理由などをしつこく聞く
4	放置・放棄・放任による虐待	**障害者を衰弱させるような著しい減食又は長時間の放置、ハラスメント行為の放置等** ・仕事に関する重要な情報を与えない　・ハラスメントの相談に乗らない　・起こっているハラスメントの対処をしない　・住み込み労働者へ食事を提供しない
5	経済的	**障害者の財産を不当に処分することその他障害者から不当に財産上の利益を得ること** ・障害を理由に簡単な仕事ばかりさせる　・障害を理由に給与を減らす・最低賃金未満で仕事をさせる　・同意なく管理する

※障害者虐待防止法では、障害者へのいじめやパワハラを「虐待」と定義し、禁止事項とされています。
出所：「令和2年度使用者による障がい者虐待の状況等」（2020年、厚生労働省）

このほかにも、マタハラ（マタニティーハラスメント）やモラハラ（モラルハラスメント）など、**ハラスメントにはさまざまな類型があります**。日本ではマジョリティである日本人が海外へ行くとマイノリティになるのと同じように、誰もが同じ立場になり得ることを忘れず、マイノリティにやさしい社会を目指すことが大切です。

■ ハラスメント発覚時の初期対応

ハラスメントが発覚した際は、迅速かつ適切な初期対応が求められます。まず、被害者の訴えを真摯に受け止め、**安心して話せる環境を整えましょう**。重要なのは被害者のプライバシーを守りつつ、公正・中立な立場で調査を進めることです。調査の進行中は、被害者へのケアを継続し、精神的負担を軽減するサポートを提供します。

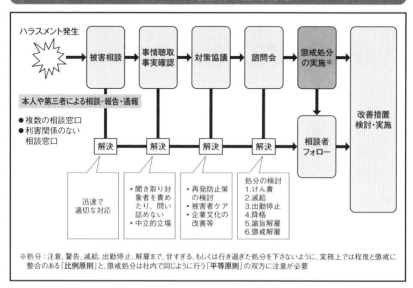

第 6 章 ハラスメント・懲戒

■■■ ハラスメント発生時の企業対応：ケース紹介

　企業内での調査の結果、ハラスメントが確認された場合は、**その度合いや状況などに応じ、就業規則（服務規定）に基づいて加害者に対する懲戒処分**が行われます。

　懲戒処分は、公正かつ適切に実施されなければなりませんが、下表に主な企業の事例を紹介します。

ハラスメント発生時の企業対応の事例

	事例	加害者と被害者	対応内容
1	自動車メーカーの自殺事件	加害者は上司、被害者は新入社員	28歳の男性社員が自殺。労働基準監督署の調べで、自殺の原因は会社の上司によるパワーハラスメントとされた。企業は第三者委員会を設置し、徹底的な調査を実施。調査結果に基づき、上司の処分と全社的なパワハラ防止対策を強化。
2	M銀行のパワハラ訴訟	加害者は管理職、被害者は部下	子会社に正社員として勤務していた20代女性が、上司にしつこく食事に誘われるなどのセクハラを繰り返されたことで精神障害になったとして、労災認定された。訴訟の結果、銀行は和解金を支払い、管理職の配置転換を実施。また、全社員向けのハラスメント研修を強化。
3	マタハラ事件	加害者は上司、被害者は妊娠中の社員	妊娠した客室乗務員に対して一方的に無給休職を命令し、マタニティーハラスメント（マタハラ）だと訴えられた。制度としては母体保護のため妊娠中に休職するか、地上勤務に転換するかを選択できる「産前地上勤務制度」が存在していた。会社は上司に対する懲戒処分を実施。全社的にマタハラ防止研修を導入。妊娠しても原則として希望者全員を地上勤務に配置すると労働組合に回答。
4	初のセクハラ訴訟	加害者は上司および会社、被害者は女性社員	性的な嫌がらせを受けたうえ退職させられたと主張し、働いていた出版社側に慰謝料を求めていた。1992年4月、編集長と出版社に165万円の支払いを命じる判決。編集長の異性関係などの発言が、不法行為にあたると判断。会社にも、男女を平等に扱うべきなのに女性の譲歩、犠牲で職場環境を調整しようとした責任があると認定した。
5	ダイバーシティ推進とハラスメント対策	多様な社員間の問題	多様性推進の一環としてハラスメント防止プログラムを導入し、定期的な社員研修を実施。各社は、多様性がイノベーションを生み、これを理解することが創造性に富む企業づくりに大切であることに気が付き、未然防止策として取り組むようになってきた。

215

マイノリティと懲戒の
横断理解

マイノリティへの差別や偏見に伴う懲戒について考える前提として、ここではマイノリティ当事者の困りごとの実態やマイノリティに対するハラスメントの具体的な類型について整理します。

■ マイノリティに対する差別や偏見

性的マイノリティの人は職場においても差別や偏見を受けやすく、マイノリティであることを理由として職場環境から疎外されたり、ハラスメントなどの被害に遭うケースも少なくありません。

マイノリティ当事者は、具体的には下表のような悩みや困難を抱えていることが調査などから確認することができます。

就職活動中、性的マイノリティであることを理由に困ったこと		
トランスジェンダー	1位	**自認する性別と異なるふるまい**をしなければならなかったこと（25.7%）
	2位	エントリーシート、履歴書などに**性別を記載**する必要があったこと（20.8%）
レズビアン・ゲイ・バイセクシュアル	1位	**異性愛者であることを前提とした対応や質問**をされたこと（8.2%）
	2位	スーツの着用など、**選考に臨む際の外見**に関すること（7.0%）

出所：令和元年度　厚生労働省委託事業　職場におけるダイバーシティ推進事業報告書

職場におけるハラスメントや差別的言動について2018年〜20年の推移を調査した統計によると、差別的言動は少しずつ減ってきているものの、LGBTの当事者においては差別的言動が多いと回答している傾向は一貫しており、**ハラスメントの背景には、日本社会の根強い性別役割分担や家父長制、女性差別の影がある**と指摘されています（「職場のLGBT白書」2021年、認定NPO法人虹色ダイバーシティ）。

■■■ ハラスメントの具体的な類型

職場における性的マイノリティへの言動がハラスメントと見なされる典型的な例としては、以下の類型が挙げられます。

①**差別的な言動や嘲笑、差別的な呼称**
　→「ホモ」「レズ」などの差別的言動、異性愛を前提とした会話
②**いじめ・無視・暴力**
　→マイノリティであることを理由とした職場からの無視や疎外
③**望まない性別での勤務の強要**
　→性自認に基づいた申告を無視した服装、施設利用の強要
④**不当な異動や解雇、職場における待遇**
　→マイノリティであることを理由とした解雇や配置転換など
⑤**誰かのSOGIについて許可なく公表すること（アウティング）**
　→カミングアウトの事実を本人に許可なく暴露

いずれも就業規則の規定と事案の経緯、事柄の度合いなどによって、服務規律違反による懲戒処分の対象となると考えられます。

相談窓口の具体例

パワハラ防止法では、ハラスメントの相談窓口の設置・周知が義務づけられています。ここでは相談窓口をめぐる具体的な対応の流れとハラスメント相談窓口の規程例について取り上げます。

■■■ ハラスメント相談窓口の義務化

2020年から施行されている**パワハラ防止法**によって**ハラスメントの相談窓口**を設置して、労働者に周知することが義務づけられています。

パワハラ指針では、職場でパワハラ事案が発生した後の**迅速かつ適切な対応**について、下表①②③④の措置を講じなければならないとされています。

---

①**事実関係を迅速かつ正確に確認する**
　→アウティングの事実について事情聴取や調査などによって確認

②**速やかに被害労働者に対する配慮の措置を適正に行う**
　→被害者と誠実に面談し、必要に応じてメンタル面の支援を行う

③**行為者(加害者)に対する措置を適正に行う**
　→加害者から十分に事情聴取し、経緯を確定させた上で反省を促す

④**あらためて会社の方針を周知・啓発し、再発防止の措置を講ずる**
　→加害者や関係者に対して個別面談や再発防止研修を実施する

従業員に対するアウティングの例で考えるならば、会社側の義務として、上表の矢印の先に示した対応が必要だと考えられます。

第 **6** 章 ハラスメント・懲戒

■■■ ハラスメント相談窓口の規定例

　ハラスメントをめぐる相談や苦情への対応として、就業規則やハラスメント防止規程に、SOGIハラも加味した以下のような規定を置くことを検討するとよいでしょう。

（相談および苦情への対応）

第○条　会社のハラスメントに関する相談および苦情処理の相談窓口は、人事部○○課とする。人事部○○課は、「ハラスメント対応マニュアル」（以下「対応マニュアル」という）を作成・改定し、担当者および関係者に対して必要な研修を実施するものとする。

2　すべての従業員は、職場におけるハラスメントの被害者であるかどうかに限らず、パワハラやセクハラ、SOGIハラ、カスタマーハラスメントなど、就業環境を害する言動に関する相談および苦情を相談窓口の担当者に申し出ることができる。

3　前項の申し出は、会社所定の書式の提出もしくは指定のメールアドレスへの送信によることを原則とするが、特段の事情がある場合には、相談窓口への来訪や架電による申し出も認めるものとする。

4　第2項の申し出を受けた担当者は、対応マニュアルに従って、相談者のプライバシーに十分に配慮した上で、被害者、行為者から事実関係を聴取する。また、必要に応じて当事者の上司、その他の従業員から事情を聴くことができる。

5　前項の聴取を求められた従業員は、正当な理由なくこれを拒むことはできない。

6　会社は、第4項による事実関係の把握および事情聴取の結果を踏まえて、対応マニュアルに基づく問題解決のための措置として、就業規則第○条（懲戒処分）の規定による懲戒のほか、行為者の異動や役職・勤務形態の変更、一定期間の研修実施中の配置換えなど、被害者の労働条件および就業環境を改善するために必要な措置を講じるものとする。

7　相談および苦情への対応にあたっては、関係者のプライバシーを保護するとともに、被害者の就業環境への影響をともなったり、アウティングなどが起こらないよう十分に配慮し、会社に相談をしたことまたは事実関係の確認に協力したことなどを理由として、解雇や労働条件の変更その他の不利益な取り扱いは行わないものとする。

219

ハラスメント発生時の対応

ハラスメントが発生したときは、確実な初動を取ることが重要となります。ここでは具体的な実務対応のフローについてまとめ、性的マイノリティに対して求められる配慮について整理します。

■ ハラスメント発生時の基本フロー

社内でハラスメントが発生して相談窓口への申し出があった場合は、基本的に右表①～⑥のフローで対応をはかります。

SOGIハラの場合には、①事実関係の調査や④加害

①**事実関係の調査（調査委員会の設置）**
（被害者→加害者→関係者へのヒアリング、証拠の確認）

②**ハラスメントの有無の判断**
（被害者、加害者の主張、証拠、時系列などに基づく事実認定）

③**調査報告書の作成**
（ハラスメントの経緯、ヒアリング結果、事実認定を書面に整理）

④**加害者への処分などの実施**
（懲戒処分、配置転換、自宅待機、再発防止策などの検討・実施）

⑤**被害者への配慮の措置**
（職場環境の改善に向けた支援、配置転換、メンタルヘルス対応）

⑥**再発防止に向けた取組措置**
（会社の方針の再確認、懲戒処分の公表、全体研修、規程整備など）

者への処分などの実施にあたって、加害者や関係者、場合によっては会社側の担当者の言動などによって、**悪意や意図なくアウティングがなされてしまうリスク**がある点も認識しておくことが大切です。

この点は、パワハラやセクハラへの対応をめぐる社内研修などに加え、**事前対応として十分な従業員教育が必要**だと考えられます。

第 **6** 章　ハラスメント・懲戒

■■■　性的マイノリティに求められる配慮

　ハラスメントの発生にあたって会社が所定の対応を行った場合、通常は下表のいずれかのケースに帰結することになります。

> ・**ハラスメント行為が存在しない場合**
> 　（虚偽申告や事実の捏造、事実関係・主張・証拠の根本的不一致）
> ・**ハラスメント行為が違法とまではいえない場合**
> 　（事実が確認されたものの、著しく軽微、過失相殺による減殺）
> ・**ハラスメント行為が民事上違法と評価される場合**
> 　（ハラスメントの事実が、民法上違法な行為、刑法上違法な行為）

　会社はあくまで従業員の職場環境配慮義務の違反や雇用契約に基づく懲戒権に基づいて調査や処分を行うものであり、刑事事件のように真実の究明が目的とされるわけではありません。

　しかし、従業員に不利益処分を行うものである以上、**比例原則**（目的・手段の合理的比例の要請）や**平等原則**（恣意的、不合理な行使の禁止）に基づき、十分に処分妥当性を検討した上で実施しなければなりません。

　性的マイノリティから被害の申告があった場合に注意しなければならないのは、**ハラスメント行為が存在しない場合や違法とはいえない場合であっても、事情聴取や調査の過程で「二次的なハラスメント被害」が発生する可能性がある**点です。

　こうしたリスクを回避するためにも、虚偽申告などの可能性がある場合は、早期に外部の弁護士や社労士などの専門家の助力を得ることを検討したいものです。

221

ハラスメントを防ぐ
社内研修

ハラスメントを防止するための措置としては、研修の実施が有効です。
ここではハラスメント研修の種類について整理し、同時に効果的といえ
るアンコンシャスバイアス研修について触れます。

■ ハラスメント研修の種類

職場で起こるハラスメントについ
て正しい理解を促し、確実な予防や
対策を講じるには、入社時の対応や
個別面談、上司からの指導などに加
えて、**ハラスメント研修を実施する**
のが効果的です。

パワハラ防止法で義務化されてい
る企業内のパワハラ防止措置の実施
となるほか、定義や現状、影響を学

種類ごとの研修	パワーハラスメント セクシュアルハラスメント マタニティハラスメント SOGIハラスメント モラルハラスメント
対策ごとの研修	入社時ハラスメント研修 管理職ハラスメント研修 リスクマネジメント研修 コンプライアンス研修 ハラスメント発生時の研修

ぶことで、従業員が具体的にハラスメントの予防や対処法を考える機
会になります。

研修の実施には、自社講師か外部講師か、リアルかオンラインか、
全社員か一部社員かといった選択がありますが、最初からあらゆる手
法を採用してハードルを上げ過ぎずに、コツコツと継続して実施して
いくことで適切な倫理観の定着を図っていくとよいでしょう。

第 6 章 ハラスメント・懲戒

■ アンコンシャスバイアス研修

ハラスメント研修の一環として、典型的なハラスメント研修とあわせておすすめなのが**アンコンシャスバイアス研修**です。

アンコンシャスバイアスとは**無意識の偏見（偏ったモノの見方）**のことを指し、直接ハラスメントへの対応を意味するものではありませんが、多くのハラスメントが起こる素因にはアンコンシャスバイアスが関わっていることが知られています。

> **アンコンシャスバイアス研修の目的**
> - 個性や人間的特徴にまつわる差別や偏見、組織の硬直化の予防
> - アンコンシャスバイアスが組織に与える影響のメカニズムを知る
> - ジェンダーハラスメントやアンコンシャスバイアスの構造の理解
> - 多様性を包摂した組織風土を醸成するためのコミュニケーション
> - 属性や特質を超えてお互いが認め合うための共通ルールを考える
> - "違い"や"壁"を武器にできる包摂性のある職場風土を目指す

職場のハラスメントが起こる素因をできる限り除去し、働きやすい職場づくりを目指していくためには、アンコンシャスバイアスの存在を知り、正しい理解や対処を心掛けることが有効です。

> **主なアンコンシャスバイアスの種類**
> - **ステレオタイプ**…多くの人に浸透している先入観
> - **正常性バイアス**…都合の悪い情報を無視したり過小評価する
> - **確証バイアス**…仮説を検証する際、反証する情報を集めようとしない
> - **現状維持バイアス**…変化を避けて現状維持を求める
> - **集団同調性バイアス**…集団の中にいるとき、周囲と同じ行動をとろうとする
> - **ハロー効果**…一部の特徴的な印象に引きずられて全体の評価をする

223

ジェンダーフリーの
経営指針づくり

社内におけるマイノリティに対する差別や偏見の撲滅を掲げ、あるべき
会社の姿を打ち出す経営指針（取組みメッセージ）の具体例を紹介し、「PRIDE
指標」の活用について紹介します。

■■■ 経営指針におけるジェンダーフリー

「経営指針」は会社が目指すべき方向を定めたものであり、ビジョン
やミッションが明確にされたものの総称を指します。

ダイバーシティ＆インクルージョンへの取り組み（110ページ参照）、マ
イノリティの活躍を支援する理念を広める上でも、**経営指針にジェン
ダーフリーへの理解や啓蒙の視点を盛り込むことは有効**と考えられま
す。

女性や高齢者、障害者、性的マイノリティなど、多様な人材が活躍
できる環境を目指す方針を打ち出すことで、当事者を含めて従業員は
企業の姿勢を信頼することができますし、多様性を尊重しながら仕事
を進める意識が育まれることで、社内で問題が発生した際も、解決に
向けた取り組みがしやすくなるでしょう。

次ページに例を挙げたので参考にしてください。

■■■ 「PRIDE指標」を活用する

職場におけるLGBTQなどの性的マイノリティへの取り組みの評価
指標を定め、一定の措置を推進する企業などを評価する**PRIDE指標**を

活用することも一つの選択肢です（https://workwithpride.jp/）。
　日本で法人格を有する法人であれば応募でき、審査結果によって、ゴールド、シルバー、ブロンズ、レインボーなどの認定がされます。

　会社としてのLGBTQやSOGIに関する方針の明文化・公開、社内のコミュニティの設置、研修の実施などの人事制度・プログラム、その他のLGBTQ向けの社内制度の運用などが評価項目とされていますので、ぜひ積極的に実施・活用していきたいものです。

経営指針の例

株式会社〇〇のマイノリティへの取り組みについて

株式会社〇〇では、人権を尊重した経営を経営指針の上での重点課題と位置づけ、年齢や性別、国籍、性的指向、性自認などに基づくあらゆる差別やハラスメントが起こらない企業経営を目指します。当社のすべての役員、従業員、関連会社、協力会社は、この理念に基づいて、お客様や提携先、支援先などとともに、力強く人権尊重の取り組みを推進していきます。

LGBTQに対する対応方針

- 採用においては、性的マイノリティなど特定の人を排除しないよう公正な採用基準・方法に基づいた採用活動を実施します。
- 入社時や在職中の手続きにおいて、法的義務があるもの以外の性別欄を削除し、パートナーの選択肢を設けるなどの多様性に配慮した書式を使用します。
- 配置、昇進、昇格といった雇用管理において、性的指向や性自認にかかわらない公正・公平な取り扱いを徹底します。
- 全社員に対して研修を継続的に実施し、LGBTQに対しての理解の促進、職場における啓蒙・浸透に努めます。
- あらゆる従業員が利用できるハラスメントに関する相談窓口を設け、一定の条件のもとで匿名での相談も可能な運用を実施します。

男性社員にお伝えしたいこと
〜ハラスメント〜

職場でのハラスメントを防止するためには、男性に見られがちな傾向について的確に理解した上で、加害者にも、被害者にもならないための心構えとポイントを共有していくことが大切です。

■ 男性に見られがちな特徴

普段の仕事の中でも気づくことがあると思いますが、男性と女性とでは、一般的にものごとのとらえ方や価値観の傾向が異なり、ハラスメントに対する心構えや受け止め方にも若干の違いがあるといえます。

本来は性別二元論的に男性・女性と分けるべき問題ではありませんが、それぞれの**性別に固有の思い込みや社会規範の影響**がありますので、ある意味ではまったく同じであるという発想のほうが不思議なのかもしれません。

職場でありがちなケースを考えてみましょう。

教育や意識向上という点では、ハラスメントに対する教育を受け、意識を高めることが必要であり、定期的な研修やセミナーへの参加を通じて、最新の情報と対策を学ぶことが推奨されます。

これらの点は、男性と女性とでまったく異なることはありません。しかし、受け止め方には若干の違いがあることがあります。

男性であるあなたは、「ハラスメント研修」というと、「また小難しいセクハラの話なのか」と思ってしまいませんか？

そして、実際に男性を加害者、女性を被害者と見立てて研修が行われるようなケースも少なくありません。

　このような弊害を考えると、ハラスメントにまつわる研修や啓蒙だからといって、**必要以上に男性と女性の壁をつくることなく、職場内でオープンなコミュニケーションを促進し、ハラスメントの予防と対策を共有する文化を築くことが重要**といえるでしょう。

■■■ 加害者にならないために

　男性同士が強い結びつきを持ち、女性を排除したり二次的な役割に留めるような状況を生み出す要因として、**ホモソーシャルな文化**が挙げられます。男性同士の強い社会的関係性の絆が行き過ぎてしまうと、**無意識のうちに加害者となってしまうことがある**ので注意しなければなりません。

　男性は無意識に権力や力を誇示する傾向があり、その結果、ハラスメントと受け取られる行動を取ることがあります。自分の言動が他者にどう影響するかを常に意識することが必要です。

　また、男性は**「強くあるべき」「リーダーシップを取るべき」というステレオタイプにとらわれがち**です。このような固定観念を捨て、柔軟で多様な視点を持つことも重要です。

　そして、**定期的に同僚や部下と対話し、自分の行動に対するフィードバックを求める**ことで、無意識のうちに心の中に醸成されているハラスメント的な気質に気づき、顕在化することを防ぐことができるでしょう。

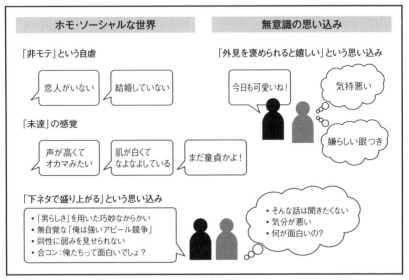

作成:一般社団法人ジェンダーキャリアコンサルティング協会

■ 被害者にならないために

　男性は、ハラスメントを受けても「耐えるべきだ」「弱音を吐いてはいけない」と感じがちです。「男だから」という固定観念や自意識に必要以上にこだわらずに、自分の内面に感じる違和感や不快感を早期に素直に認識し、適切な対処を行うことが重要です。

　そして、ハラスメントを受けた際には、証拠をしっかりと保全しましょう。これにより、後々の対応がスムーズになります。「男がハラスメントを受けるなんて情けない」といった**無言のカルチャーを一掃すること**は、男性の視点からもハラスメントのない職場環境を築いていくための取り組みを強化することに資すると考えられます。

第 6 章 ハラスメント・懲戒

女性社員にお伝えしたいこと
～ハラスメント～

女性に見られがちなステレオタイプやアンコンシャスバイアスを認識した上で、女性が女性に対してハラスメントを行うようなパターンや、被害者とならないための心構えについて整理します。

■ 女性に見られがちな特徴

女性には、一般的に特有のステレオタイプやアンコンシャスバイアス（無意識の偏見）が見られる傾向が強いとされ、これらは無意識のうちに女性自身の行動や思考に影響を与えることがあります。

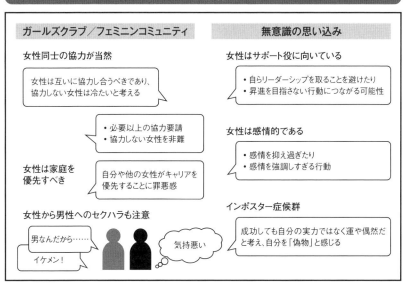

作成：一般社団法人ジェンダーキャリアコンサルティング協会

229

「女性はサポート役に向いているから、できるだけ周囲に気遣ったほうがいい」とか、「女性は家庭生活を優先するから、役職者にはあまり向かない」といった発想がその典型です。

これらは必ずしも生まれもっての気質や性格というよりは、女性自身が**自分をそのような枠にはめて考えてしまうことから生まれてしまう傾向**といえ、女性特有のステレオタイプやアンコンシャスバイアスを認識し、対処することは大切といえるでしょう。

■ 加害者にならないために

ハラスメントというと、社会的強者である男性が弱者である女性に対して行うものというイメージが色濃いですが、女性が男性に行う場合や、女性が同性に行うケースもあります。

女性どうしの関係性の中で無意識のうちに他者に対してハラスメント行為を行ってしまう事例の一つには、職場でのコミュニケーションが親密すぎる場合などが挙げられます。

同じ女性という視点から親しみやすく安心感を持つあまりの言動で、部下や後輩が**不必要な干渉**や事実上の**強要**に近い印象に受け止めてしまい、思い悩むケースもあります。職場での言動には常に慎重さを持ち、**相手のパーソナルスペースを尊重する**ことが大切です。

また、「女性らしさ」を強調することで、他人に不快感や不信感を与える場合もあります。**「男性には多少甘えても構わない」「同性の部下なら許されるはず」**といった思い込みをせず、仕事上の役割に照らして**公平で中立的な視点**を持ち、服装や身だしなみについても過度に「女性らしさ」を感じさせるものは慎み、業務を遂行することが重要です。

女性の立場から**男性に対しては「強くあるべき」「リーダーシップを取るべき」というステレオタイプにとらわれがち**ですが、このような固定観念で男性に接することは慎みましょう。

　そして、定期的に同僚や部下と対話し、自分の行動に対するフィードバックを求めることで、無意識のうちに行いがちなハラスメントの要素を摘むことができるはずです。

■■■ 被害者にならないために

　女性はハラスメント行為を受けた際に、恐怖心や自己不信、現実逃避への欲求などから、**「報告すると仕事に悪影響があるかもしれない」と感じがち**であり、被害を受けたこと自体を認めたくない思いから、自分一人で悩む人が少なくありません。しかし、ハラスメントは放置しても改善に向かうことはありませんから、できるだけ早期に会社側に相談し、適切な対応を求めましょう。

　窓口などに相談する勇気がないときは、**なるべく記憶が遠のかないうちに日記やメモ、録音や写真、同僚の証言などをしっかりと整理して、社内で最も信頼できる人に相談する**か、**社外のハラスメント対応の専門家に相談する**などの対応をとりたいものです。

　「自分には関係ない」「うちには加害者はいない」と思い込むことなく、**「いつどこで起こってもおかしくない」という認識を持つ**ことが大切です。その心構えが、いざというときに自分を守ることになるのはもちろん、被害を受けた同じ女性の力になれることもあります。職場内外で信頼できる人々とサポートネットワークを構築し、困ったときに相談できる環境を整えることが重要です。

管理職にお伝えしたいこと
〜ハラスメント・懲戒〜

管理職として知っておくべきハラスメントをめぐる構造についてみた上で、ハラスメント対応をめぐる管理職の存在の重要性、対応ミスによる二次被害の発生のリスクなどについてまとめます。

■ ハラスメントの増加は「心が弱い人」が増えたから？

最近はどの会社でもハラスメントが増えていると思いませんか？

　従業員数がそこそこ多い会社になると、まったくこの話題が出ないということはありませんし、ハラスメントによってメンタル不調になってしまったり、従業員と上司や会社との間で深刻なトラブルに発展してしまうケースも少なくありません。
　そして、さまざまな種類のハラスメントが世の中を賑わせており、会社がいつどんな事案に見舞われるかはまったく見当がつかないともいえます。

なぜこんな時代になってしまったのでしょうか？
　若者を中心に、「心が弱い人」が増えたから、ここまでハラスメントが急増したという見立てがあります。
　昭和世代の目からすれば、「昔はある程度の叱責は指導の一環だった」という感覚があり、それが世代間にある種の乖離を生んでいる面もあるでしょう。

でも、必ずしも**心の弱さ＝ハラスメントの増加という構図は適切ではない**かもしれません。

社会の複雑化やストレス耐性などの要因もあるにせよ、基本的な人権感覚やハラスメントへの意識の欠如、社会的気運の変化のほうが大きいといえるのではないでしょうか。

上司であるあなたは、ぜひハラスメントの被害を訴える部下＝「心が弱い人」という偏見を持たずに、**"声ならぬ声"**も含めて部下からの**貴重なシグナル**を感じ取って、いい意味で部下と会社の間のバランスをとって、適切に寄り添っていきたいものです。

■ 管理職の「対応ミス」が二次被害を招くことも

ハラスメント対応の現場では、**残念ながら最初に直属の上司に相談が持ち掛けられるケースは多くはありません。**

上司本人がハラスメントの加害者という場合は論外ですが、そうでなくても組織運営上会社側に立っているため、相談しづらかったり、そもそも業務上の指示以外の日常的なコミュニケーションが成立していないという例も少なくありません。

今は多くの会社でハラスメントの相談窓口を設置していますが、相談や苦情が寄せられた場合についても、**上司の対応が重要**です。

ハラスメント案件について会社側からの事情聴取などが行われる間も、本人は通常通りその職場で勤務することも多いですが、この間に**当事者とどのように向き合うか**も大きなポイントです。

ハラスメントの被害者という点を意識し過ぎると、ぎこちない職場

運営やプライバシーの問題も出てきますし、逆に会社側という意識に立ち過ぎると、被害者への配慮が不足することもあります。

　ハラスメントの事後対応が難しいのは、被害者と加害者という構図がくっきりと描ける事案ばかりではなく、漠然と職場環境自体への不信感や不安感を持つ中で、**上司への信頼そのものが揺らいでしまう例も見られる**点です。

　いざ対応を間違えると、**思わぬ「二次被害」を招いてしまう**こともあるという認識を持って、今までに築いてきた人間関係をフルに活用して、頼れる上司になれるよう自然なコミュニケーションをはかっていきたいものです。

経営者にお伝えしたいこと
～ハラスメント・懲戒～

ハラスメントをめぐる企業の体質は、最終的には経営トップの在り方によって左右されるといえます。経営者自らが率先して実行すべき根本的なハラスメント対策の実践例について紹介します。

ハラスメントと企業体質

メディアなどで、しばしば**パワハラ体質**という言葉が使われます。パワハラが横行していて、組織自体が健全でなくなっている体質のことを表現していますが、その背景には、加害者個人の資質といった個別事情を超えて、**会社全体が組織としてハラスメント体質に陥るような根本的な課題を抱えている**という共通項があるのかもしれません。

「組織はトップで決まる」といいますが、ハラスメントが多発している会社の根本的な原因をたどっていくと、経営者の在り方に帰着することになります。

ハラスメントが生じやすい企業体質は、どこから生まれるのでしょうか？ 行き過ぎた体育会系のノリを求めたり、無理のある成長戦略を実行しようとしたり、過去の成功体験にこだわり過ぎたりといったパターンがありますが、最終的には**「経営者と従業員の距離感」の問題が大きい**といえます。

規模の大小の違いはありますが、ハラスメントが起こらずに健全な組織運営ができている会社は、ほぼ例外なく**経営者のメッセージが従**

業員に伝わり、従業員から見える距離感に存在しています。

　めったなことで経営者自身に言葉を届けることはできないにせよ、いざというときは何らかの方法で従業員からナマの声を発することができる仕組みは、間接的ではあるもののハラスメントのない会社づくりへの有効な方策といえるでしょう。

■ 経営者しかできないハラスメント対策は

　ハラスメント撲滅を目指すには2つの方向性があるでしょう。

　1つめは、ハラスメント防止のための周知・啓蒙・教育を行い、従業員の意識を高め、**具体的な風土改革を目指す**こと。2つめは、ハラスメントの言動を行うような土壌自体を生み出さない組織づくりに向けて、**必要な倫理観や使命観の醸成を目指す**ことです。

　経営者自らがハラスメント防止のための指針を策定したり、メッセージを発信することはきわめて重要です。事実、多くの会社でこうした取り組みが実施されており、一定の成果が挙がりつつあるといえます。その上でさらに大切なのは、ハラスメントの土壌を生み出さない企業倫理の確立に向けた取り組みだと考えられます。

　会社としての倫理観を掲げポリシーを言語化することは、経営者にしかできない役割です。ハラスメント対策というと「〜してはならない」という規制のメッセージが多くなりがちですが、**トップ自らが力強く「〜すべきだ」と理念を発することの意義は、他に代えがたい**ものがあります。創業の精神、職場での人間関係、悩んだときの心構え、後輩を育てる指針など、血の通ったメッセージによってハラスメント防止を強力に後押ししていきたいものです。

第 **7** 章

解雇・退職

解雇・退職の全体像

解雇・退職をめぐる典型的な類型の違いと実務上の留意点について簡単に整理し、解雇権濫用法理と解雇予告の基本知識、退職勧奨の具体的な手続きについてまとめます。

■ 解雇・退職の4類型

労働契約には、**期間の定めのない契約**（定年まで雇用されることが前提の正社員など）と、**期間の定めのある契約**（有期で雇用されることが前提の契約社員など）があります。

期間の定めのない契約は原則として定年まで継続しますが、解雇や退職によって**中途で契約解除**されることがあります。具体的には以下の**4類型**があり、合意解約、辞職、退職勧奨による契約解除のことを退職といい、会社からの一方的な契約解除である解雇とは区別されます。

退職			解雇
合意解約	辞職	退職勧奨	
労働者と会社の合意による契約解除。労働者の退職願に会社が合意することが多いが、退職合意書を交わすのが望ましい。	労働者からの退職届による一方的な契約解除。会社の同意がなくても、原則として2週間後に契約終了となる（民法627条）。	会社から一定の条件による退職勧奨がされ、労働者が合意したことによる契約解除。合意内容について退職合意書を交わす。	会社からの一方的な契約解除。客観的合理的理由を欠き、社会通念上相当でないときは権利濫用により無効（労契法16条）。

238

どの類型に当てはまるのかによって、必要な手続きや法律上の要件が異なります。例えば、**辞職**の場合は原則として撤回することはできず、2週間後に契約終了となりますが、**合意解約**の場合は、会社が合意する前であれば、労働者が撤回することができます。トラブルを避けるためには、各類型の正確な理解と対応が必要です。

■ 普通解雇・懲戒解雇・整理解雇の違い

解雇には、普通解雇、懲戒解雇、整理解雇があります。

普通解雇と懲戒解雇は「労働者側に原因」がある解雇、整理解雇は「会社側に原因」がある解雇です。

一般的な解雇事由に該当することによる会社側からの契約解除が**普通解雇**であり、就業規則に規定された懲戒処分の中で最も重い処分として実施されるのが**懲戒解雇**です。

会社がある労働者の非違行為を理由として解雇したケースで、労働者からの訴訟などによって解雇の有効性が争われた場合、懲戒解雇としては無効であるものの、普通解雇としては有効という判断が下されることもあります。

整理解雇は経営状況の悪化により人員削減が避けられなくなった場合の解雇であり、人員削減の必要性、解雇回避努力などの**4要素**（次ページ上表）をどの程度満たすかによって有効性が判断されます。労働者にいっさい落ち度がないときに実施される解雇であることから、会社が解雇を回避するためのあらゆる経営努力を行った上で、相当期間のスケジュールできめ細かく手続きを取ることが求められ、労働者から訴訟などが提起されると会社が不利になる場合も少なくありません。

普通解雇	懲戒解雇	整理解雇
懲戒解雇、整理解雇以外の解雇。労働者の非行や違法行為、能力不足、業務外のけがや病気などによって、契約内容通りの仕事ができない場合の解雇。客観的合理性や社会通念上相当性がない場合は無効となる。	重大な規律違反や非行を行ったときに、懲戒処分として行う解雇。就業規則や雇用契約であらかじめ定められた懲戒基準に明確に違反していること、具体的な手続きに従って弁明の機会を与えることなどが必要。	会社の経営悪化により、人員整理を行うための解雇。以下の「4要素」を考慮して判断される。 ①人員削減の必要性 ②解雇回避努力 ③解雇者選定の合理性 ④十分な労使協議・説明

■■■ 解雇権濫用法理と解雇予告

　解雇は、会社からの一方的な契約解除によって労働者の生活の糧を奪うものであることから、会社が自由に権利を行使することは許されず、**「客観的に合理的な理由を欠き、社会通念上相当であると認められない場合は、その権利を濫用したものとして無効」**（労契法16条）とされています。「客観的に合理的な理由」や「社会通念上相当」の判断基準については、一般的には以下のように理解されています。

客観的に合理的な理由	社会通念上相当
• 労働者の労務提供の不能、労働能力や適格性の欠如・喪失（普通解雇） • 労働者の企業秩序違反の行為（懲戒解雇） • 経営上の必要性に基づく理由（整理解雇） • 労働組合による解雇の要求	• 労働者の情状（反省の態度、過去の勤務態度・処分歴、年齢・家族構成など） • 他の労働者の処分との均衡 • 使用者側の対応・落ち度など

　2つの要件に該当することが確認されるためには、**あらかじめ就業**

第 **7** 章 解雇・退職

規則で解雇事由が明確に規定されていることが必要</u>となります。

　例えば、労働者の無断欠勤が続いている場合であれば、「14日以上、正当な理由なく無駄欠勤し、出勤の督促に応じず、または連絡が取れないとき」という就業規則の規定によって、「客観的に合理的な理由」「社会通念上相当」の要件を満たすことになると考えられます。

　会社が労働者を解雇する場合には、原則として、**30日前までに予告するか、解雇予告手当（30日分の平均賃金）を支払わなければなりません**（労契法20条）。解雇予告と解雇予告手当は併用することも可能であり、15日前に予告をした場合は、15日分の解雇予告手当を支払うことで足ります。

　「労働者の責に帰すべき事由」による解雇だと判断する場合に、**解雇予告も解雇予告手当も行わずに即時解雇するためには、あらかじめ所轄労働基準監督署長から解雇予告除外認定を受ける必要があります。**「労働者の責に帰すべき事由」と認められるためのハードルは相当に高く、以下のような限定的な事例について除外認定が認められているのが実際です。

「労働者の責に帰すべき事由」とは？	「労働者の責に帰すべき事由」の具体例
労働者の故意、過失またはこれと同視すべき事由であるが、判定にあたっては、労働者の地位、職責、継続勤務年限、勤務状況等を考慮の上、総合的に判断すべき	・会社内における盗取、横領、傷害などの刑法犯（極めて軽微なものを除く） ・賭博、風紀紊乱などにより職場規律を乱したこと ・経歴詐称 ・2週間以上の無断欠勤、出勤不良

241

■■■ 退職勧奨の場合の手続き

　労働者に対して合意退職を申し込む退職勧奨は、会社の自由な判断によって行うことができますが、承諾するかどうかはあくまで労働者に決定権があり、**事実上、労働者の自由な判断を阻害するような方法による退職勧奨は認められません**。

　労働者が退職勧奨を明確に拒否していたり、必要以上に長時間にわたって面談を続けたり、威圧的・差別的な言動があったような場合には、**権利濫用によって退職勧奨が無効となり、損害賠償を請求されることもあります**。

　静かな環境で冷静に面談できる環境を整えるのはもちろん、面談時間は最長1時間、面談回数は原則3回まで、会社側の出席者は3人まで、といったルールを導入することも考えられるでしょう。

　退職勧奨にあたっては、労働者側にメリットを提供するために、**退職金の増額、功労金、年次有給休暇の買い上げ、会社都合退職**（雇用保険の特定受給資格者）**、転職先のあっせんなどの優遇措置を行うことが一般的**です。

　労働者個人の希望や実情を反映した誠実な交渉を行うことが、円満かつ有効に退職勧奨を成功させるポイントとなります。

第 7 章 解雇・退職

解雇・退職の
傾向と対策

解雇・退職が認められやすいケース、認められにくいケースから解雇・
退職をめぐる一般的な傾向と対策を読み取り、性的マイノリティの解雇
の留意点について考えます。

■■■ 解雇（退職）が認められやすいケース

　解雇は、具体的な解雇事由に当てはまるからといって認められると
は限らず、その事由によって客観的・合理的に判断・評価される必要
があります。一般的には、**労働契約の内容に明らかに違反した場合や、**
そもそも社会人としての評価に関わる犯罪行為を行ったような場合は
解雇が認められやすいといえます。

　具体的には、長期にわたる無断欠勤などの勤怠不良、転勤や配置転
換の拒否、業務命令への重大な違反などの労働契約の不履行、職場に
おける業務上の重大な犯罪行為（窃盗、横領、強制わいせつ、暴行、傷害、脅
迫など）が行われた場合などが挙げられます。
　これらの場合は、労働者と会社との間の**契約関係が根本から揺るが**
される状況であり、**雇用契約を継続することへの物理的・対外的な障**
害が横たわることになるため、労使間の円満な関係性の維持の観点か
らも広く解雇が認められる傾向にあります。

■■■ 解雇（退職）が認められにくいケース

　逆に、解雇が認められにくいケースとしては、**労働者自身に主な責**

243

任や過失がないケースや、職場において具体的な職務内容の実行やコミュニケーションをはかる中でリスクが顕在化した際に、**会社が労働者に対して十分な教育や指導をしていくことで改善が期待しうるケース**が挙げられます。

　具体的には、適正な要件や手続きを欠くような会社側に原因がある整理解雇や退職勧奨はもちろん、職務遂行能力や営業成績などが伴わない能力不足による解雇、職場における人間関係にトラブルを抱える協調性不足による解雇などが挙げられます。

　一般的な解雇事由として考えられる事例では、簡単には解雇が認められないケースのほうがはるかに多いといえるでしょう。

■■■■　性的マイノリティの解雇の留意点

　性的マイノリティの人に対し、会社が解雇などの厳しい処分をしたいと考えたり、本人が会社に不満を抱く場面で深刻なトラブルに発展しがちなのは、能力不足や協調性不足による解雇が多いです。

　能力不足や協調性不足による解雇は、裁判例などでも会社の主張が認められず**解雇無効と判断されている例が多い**ですが、マイノリティが当事者である場合には、そもそも争いとなる事案をめぐって**会社側に差別や偏見に基づく言動が認められるケースも少なくないため、さらに会社が不利な立場に置かれる**ことになります。

　個別具体的な事情によるとはいえ、多少の能力不足や協調性不足があったとしてもマイノリティの人に対しては、原則として、**よりきめ細かな改善指導を続ける努力をする**ことが求められ、本人とコミュニケーションを交わす機会を増やしつつ、ある程度、**継続的な取り組みを行う姿勢を示していくことが大切**といえるでしょう。

244

第 7 章 解雇・退職

高齢社員と
解雇・退職

高齢者をめぐる雇用確保措置と「第二定年」の実務上の取り扱いについて触れ、高齢者の再雇用拒否・雇止めへの具体的な対応の留意点についてまとめます。

「第二定年」への実務対応

高年齢者雇用安定法により、会社は**希望する労働者に対する65歳までの雇用確保措置**（①65歳以上への継続雇用制度、②65歳以上への定年の引き上げ、③定年の廃止）を実施することが**義務**づけられています。

実際には、多くの会社で①65歳までの再雇用制度や嘱託社員制度が設けられ、65歳まで1年更新の有期雇用契約が締結されています。

この場合、60歳で定年を迎えてから、嘱託社員の終了を迎える65歳が実質的な定年年齢となり、**第二定年**と呼ばれるケースもあります。

60歳定年後に嘱託社員制度などによって65歳までの雇用を確保する場合には、**無期転換ルール**（労契法18条。次ページ表参照）に注意する必要があります。

具体的には、都道府県労働局長から**第二種計画認定**（有期雇用特別措置法）を受けた場合には、無期転換ルールの特例が認められることになるため、適切に活用したいものです。

245

無期転換ルール （労契法18条、有期労働契約の期間の定めの ない労働契約への転換）	第二種計画認定 （有期雇用特別措置法）
同じ使用者との間で、有期労働契約が更新されて、通算の契約期間が５年を超えた場合、労働者に無期労働契約への転換を申し込む権利が発生し、使用者は拒むことができないというルール。	有期雇用特別措置法により、適切な雇用管理に関する計画を作成し、都道府県労働局長の認定（第二種計画認定）を受けた場合、定年に達した後、引き続いて雇用される有期雇用労働者については、その事業主に定年後引き続いて雇用される期間は、無期転換申込権は発生しない。

高齢者の再雇用拒否・雇止めへの対応

65歳までの雇用確保措置は法的義務であるため、**労働者が65歳までの雇用継続を望んでいる場合に、会社が拒否することはできず、定年後に契約期間１年で再雇用した場合に、１年経過後に会社が契約更新を拒絶することは、客観的に合理的な理由があり、社会通念上相当といえない限り許されません**（労契法19条）。

具体的には、就業規則や雇用契約に明確な契約更新の基準が規定されているか、就業規則に規定する解雇事由に該当する場合など以外は**原則、更新拒絶はできない**と考えられます。

ただし、以下のような場合に、会社が従来と同じ条件で継続雇用（再雇用）をしないことが有効と判断される場合があります。

再雇用しないことが有効と判断される例
- 健康上の障害があり、休職して治療しても復職の目処が立たないような状態である場合
- 定年後の労働条件について、会社が合理的な内容を提示したにもかかわらず、従業員が拒否した場合
- 就業規則の解雇事由に基づく解雇、再雇用の拒否の場合

第 7 章 解雇・退職

能力不足と
ジェンダー

一般的には認められるケースが少ない、能力不足を理由とする解雇・退
職の実務的なフローについて考え、ジェンダーの視点から見た能力不足
による解雇の流れについて触れます。

能力不足による解雇のフロー

能力不足による解雇は、さまざまな解雇事由の中でも、**とりわけ解
雇の認定が認められにくい傾向**にあります。

ある労働者を採用・雇用した一義的な責任は会社にあり、労働者は
会社の指示に従って勤務することが義務（債務の本旨）であり、会社は
労働者の能力の有無にかかわらず、労働者を教育・指導していく義務
を負うという考え方をするからです。この傾向は、**新卒採用や一般職
の採用などの場合、より顕著**だと考えられます。

能力不足による解雇が認められるためには、そのための前提として、
会社が本人に**十分な改善指導**を行った上で、適宜**本人から報告聴取（フ
ィードバック）**を求めつつ、**相当な改善期間を設ける**というサイクルを
繰り返していくことが求められます。

改善指導の期間は、労働者の属性や業務の実情、その他の条件など
にもよりますが、**最低でも半年程度、基本的には数年にわたるスパン
が必要**だと考えられます。

会社が一方的に改善指導を続けていっても、本人の受け止め方がわ
からず、どこまで理解をしてどのように努力しようとしているのかが

247

把握できないことも多いので、**一定の周期で報告書の提出を課することが適切**です。このような報告義務は、業務命令の一環として課すことができるので、労働者は原則として指示に従うことが求められ、長期間にわたって拒否し続ける場合などは、業務命令違反として、懲戒事由に問うことができます。

能力不足による解雇フロー

■ 能力不足による解雇とジェンダー

能力不足による解雇の流れはジェンダーや属性によって異なることはありません。しかし、**社内の慣習・慣例として事実上、雇用契約の内容や範囲を超えて、異なる取り扱いをしている場合は、間接的に問題となるケースがある**と考えられます。

例えば、「男性営業マンだから最低ノルマ〇〇円は当たり前」「内勤の女性社員なのだから計算業務を月2回も間違えたら失格」といった言動が行われ、解雇をめぐるトラブルにまで発展するケースなどが挙げられます。

本来、**労働者の能力不足についての評価とジェンダーとはまったく関係がありません**。性別とは関係なく、「〇〇販売の営業職」「〇〇の計算業務」のように業務内容を特定した雇用契約を締結した上で、きめ細かな教育指導による能力向上を期待しつつ、それでも他の労働者よりも著しく能力が不足し、改善の余地が期待できないときに、初めて解雇が検討されるという点に留意しましょう。

第 7 章 解雇・退職

協調性欠如と
ジェンダー

実情把握と改善指導のステップが求められる、協調性不足による解雇・退職の実務的なフローについて考え、ジェンダーの視点から見た協調性不足による解雇の流れについて触れます。

■■■ 協調性不足による解雇のフロー

人間は誰ひとりまったく同じ価値観の人はいませんから、会社は**異なる個性を持つ人たちのるつぼ**といえます。一方で、会社では職場環境への対応能力や協調性が求められ、周囲と考え方や方針が合わないことが深刻なトラブルに発展することも少なくありません。労働者にとっての悩みの深さは深刻であり、職場の満足度などを聞いた調査では軒並み**「人間関係」の悩みが上位を占めています**。

協調性不足による解雇は、漠然と「周りと意見が合わない」「個性が際立っている」というレベルではなく、少なくとも具体的な業務命令違反が相次いでいたり、独り善がりな判断によって業務に支障が出ている状況が求められます。明らかに協調性を欠く言動であればヒアリングを行い、**会社が十分な改善指導をしたにもかかわらず状況が改善されない場合に初めて解雇が検討できます**。

協調性不足による解雇については、事案への対応としてすぐに解雇を視野に入れるのではなく、まずは**戒告や減給などの軽微な懲戒処分を検討した上で、本人の改善の状況などを見極めながら退職勧奨の手続きを経ることが妥当**といえるでしょう。

249

書面による 注意指導	本人から ヒアリング	懲戒処分 の実施	配置転換 等の検討	退職勧奨 の検討	解雇の実施 事後対応

協調性不足による解雇フロー

■ 協調性不足による解雇とジェンダー

　協調性不足については、解雇・退職をめぐる論点の中でも、**性的マイノリティの人をめぐって最もトラブルになりやすいテーマ**です。

　例えば、トランスジェンダー男性が男物のスーツを着て就業した場合、そのこと自体は就業規則上の服務規律違反に問われなかったとしても、職場の同僚などから協調性を欠く態度だと認識される可能性がありますし、場合によっては顧客などに違和感や不安感を与えることによって、仕事内容によっては間接的に業務に支障が出ることも考えられます。

　レズビアンやゲイである労働者が、社内では一定の範囲でカミングアウトをしていたとしても、何らかの事情で社外の人が認識することになった場面で、「会社の風紀を乱す」といった誤った認識が広まることで、結果として協調性不足が問われることもあるかもしれません。

　これらはあくまで法的には労働者に非が認められるケースではないため解雇の問題に発展することは考えづらいですが、社内外の評価や評判を気にした本人がメンタル不調に陥ってしまったり、退職を考えるようなケースもあります。**協調性不足とジェンダー規範とは、本来はまったく関係がない概念だということを、労務管理の担当者は十分に理解しておくことが大切**です。

第 7 章 解雇・退職

配置転換・出向と
ジェンダー

配置転換・出向などの人事異動の類型と特徴について整理し、配置転換などに伴う性的マイノリティをめぐる実務的な論点と留意点についてまとめます。

■■■ 人事異動の類型と特徴

会社は、雇用契約に伴う権利として、労働者に対する人事権を持っており、就業規則などの労働契約上の根拠に基づいて行使することができます。**会社内の人事異動である転勤や配置転換は労働者の同意は不要ですが、会社をまたぐ人事異動である出向や転籍は労働者の合意が必要**となります。

転勤	勤務地や部署を変更して勤務すること
配置転換	会社内で、業務内容、職種、勤務地などを長期間にわたって変更すること
出向	会社との雇用契約を維持したまま、関連会社などの業務に従事すること
転籍	会社との雇用契約を解消して、別の会社と雇用契約を締結すること

ただし、転勤や配置転換であっても会社が無制約に行うことができるわけではなく、雇用契約において職種や職務内容、勤務地などが限定されている場合はその内容によるほ

> **配置転換命令が無効になる場合**
> （東亜ペイント事件、最判昭和61.7.14の例より）
> - 業務上の必要性が認められない場合
> - 不当な動機や目的に基づいて行われている場合
> - 労働者に通常甘受すべき程度を超えた著しい不利益を与える場合

251

か、前ページ表のいずれかに該当する場合には、会社が権利濫用したものとして、配置転換が無効となります。

■■■ 性的マイノリティをめぐる論点

例えば、店頭で販売員を務めるトランスジェンダーの女性社員について、**顧客などから「容貌などについて違和感や不安を抱く」との声が寄せられたのを受けて、会社が事務職への配置転換を検討したいというケース**があったとします。

この場合は、顧客などの声が業務上の必要性と認められるかどうかが問われますが、具体的には、この労働者の業務内容や責任の範囲、実際の顧客との関係性などから総合的に考える必要があるとはいえ、**顧客の「違和感」や「不安」は抽象的・主観的な感覚だと考えられ、基本的には有効な配置転換命令と評価するだけの業務上の必要性は乏しい**と思われます。

また、この場合の配置転換命令が、**労働者がトランスジェンダー女性であることを理由として発せられる場合には、不当な動機や目的に基づいて行われていると判断される余地もある**ため、その意味でも無効な配置転換命令だというとらえ方も成り立つことになります。

あくまで個別的・具体的なケースによるとはいえ、「顧客からの声」や「お客様からのクレーム」などを理由に、会社がマイノリティである労働者に対する配置転換を検討するという流れは、基本的には有効性が乏しいと判断される例が多いと考えられるでしょう。

第 7 章 解雇・退職

ハラスメント加害者の
解雇・退職

ハラスメントの加害者の解雇・退職の実務的なフローについて考え、性的マイノリティに対するハラスメントが原因となった場合の対応や留意点について触れます。

■■■ パワハラ加害者の解雇・退職フロー

　職場においてパワーハラスメント（パワハラ）行為を行ったことによって、精神的・身体的苦痛を与えたり職場環境を悪化させた加害者に対して、会社は懲戒権に基づいて必要な懲戒処分を行うことができます。

　処分の種類には、譴責、減給、出勤停止などがありますが、最も重い処分としては懲戒解雇があります。ただし、**正当な指導はパワハラではなく、その事実認定は難しいケースが多いことから、不当解雇として無効になるケースも見られます。**

　実際には、厳しい指導とパワハラとの境界線はあいまいなケースも多く、パワハラが原因でメンタル不調になって休職した部下がいるとか、一時的な感情によって厳しい言動をとったというだけでは、加害者に対して解雇などの厳しい処分を下すことは難しく、逆に**会社の加害者に対する教育・指導の徹底や、被害者の就業環境を守るための措置**などが問われることも少なくありません。

　厳しい処分を行う際は、**会社の責任において事実認定を行うことが**

253

何よりも大切です。加害者は「自分は正しい指導を行った」と認識していることが多く、被害者は恐怖心や疎外感から事実を語りたがらない傾向が強いからです。さらに第三者の目に触れない閉ざされた人間関係の中で発生するケースも多いため、事実関係があいまいだったり、主張に大きな隔たりがあることも少なくありません。

パワハラ加害者の解雇フロー

■ マイノリティに対するハラスメントの場合

性的マイノリティが職場でハラスメントを受ける**SOGIハラ**も深刻化しつつあり、職場において多様性を認め合ってお互いが安心して働くことができる就業環境の整備が目指されています。

刑法違反レベル	民法不法行為レベル	職場環境阻害レベル
懲戒解雇、諭旨解雇、降格、短期間の出勤停止	普通解雇、降格、長期間の出勤停止	降格、減給、譴責
例：性自認をめぐって、長期間にわたって暴行・脅迫めいた言動を繰り返した	例：性的指向について暴言が繰り返され、精神疾患による休職に追い込まれた	例：軽い冗談のつもりで差別語が繰り返され、働きにくい職場環境になった

第 7 章 解雇・退職

マイノリティと
解雇・退職の横断理解

性的マイノリティに対する懲戒処分を行う場合の実務上の留意点について
まとめ、経歴詐称、服務規律違反などの具体的な事例ごとの考え方に
ついて整理します。

■ 性的マイノリティへの懲戒処分の留意点

性的マイノリティをめぐる懲戒処分が問題となる場面にはさまざま
なものがありますが、最も典型的なパターンとしては、**自認する性別
に従った容姿で就業する労働者に対して、会社が服務規律違反を問い、
改善を促すケース**が挙げられます。

第5章で触れたように、職場におけるドレスコードをめぐる受け止
めや文化には多様性が広がりつつありますが、従来の男性用の服装、
女性用の服装が期待される職場においては、深刻なトラブルに発展す
ることがあります。

ある男性社員が「自らの性自認は女性」として女性的な服装や髪型
で勤務し始め、これに対して、周囲の目線や顧客からの信頼を気にか
けた会社が服務規律違反を問い、本人に改善を求めたとします。

このような場合は、実際の問題として**パス度**（この場合は本人が女性らし
く見えるかどうか）が問われる可能性があります。

法的判断や懲戒権という枠組みを超えて、パス度が低い場合には、
あたかも違法性が高いという類推に従って配転命令が下され、その違

255

反をめぐって懲戒解雇が検討され、逆にパス度が高い場合には、口頭注意に終わるといった矛盾を抱えた対応になる可能性について、会社としての規範やポリシーを検討しておく必要があります。

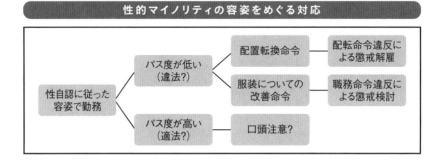

具体的な事例ごとの考え方

マイノリティの労務管理をめぐって、職場で問題となりやすい事例について、会社が対応する上での基本的な考え方をまとめます。

経歴詐称、虚偽届出	履歴書や届出書類の性別欄の不記載、虚偽記載を懲戒の対象とするのは難しいでしょう
服務規律違反	服装規定の違反は、マイノリティに限らず多様性を尊重した柔軟な対応が求められます
指揮命令違反	基本的な懲戒権の対象ですが、ジェンダーによる不均衡な取り扱いに留意が必要です
施設利用義務違反	トイレや更衣室等の施設利用について性自認に基づく利用への希望がある場合は経過措置も含めた柔軟な検討が必要でしょう
報告義務違反	職務命令として労働者が誠実に従う義務があるため、有効に行使していきたいものです
配転命令違反	トラブル回避のための発動は無効と判断される可能性が高いことに留意しましょう

第 **7** 章 解雇・退職

労働基準監督署・
ユニオン・訴訟対応

労使関係に関わる行政機関である労働基準監督署や労働局の役割について触れ、労使紛争が深刻化した場合の紛争解決手続きであるユニオン（個別労組）や訴訟（裁判）の概略について確認します。

▰▰▰ 労使関係に関わる行政機関

ジェンダーをめぐる労務管理のテーマが、労働者の強い不平不満や労使紛争に発展して場合には、上司や会社による対応では解決せずに、労働者が対外的な機関や窓口などを頼ることがあります。

労使関係に関わる行政機関としては下表のものがありますが、**労働者は「法令違反」について申告することができ、その場合は各機関が必要な調査・対応を行うことになります。**

労働基準監督署	労働局（雇用均等室）	労働局（需給調整事業室）
解雇、賃金不払い、労働時間、安全衛生などをめぐる労基法、安衛法、最賃法の違反について取り締まり、是正勧告などを行う。監督官は司法警察員として逮捕・送検の権限がある。	セクハラ、性別を理由とする差別、育児・介護休業、パートタイム労働など男女雇用機会均等法、育児・介護休業法、パートタイム労働法を取り扱い、行政指導や紛争解決援助を行う。	派遣法をめぐる法令違反について取り扱い、派遣元、派遣先に対する指導監督、派遣労働者などからの苦情・相談への対応を行う。

257

■ ユニオンや訴訟への対応

労使トラブルが深刻化した場合には、労働者から会社に**内容証明などが送付**されて、**訴訟（裁判）の提起**が告知されたり、**ユニオン（個別労組）からの団体交渉**の申込みを受けたりする場合があります。

ユニオン（個別労組）	訴訟（裁判）	紛争調整委員会
労働者が一人でも加盟できる社外の労働組合のこと。解雇、未払い賃金、ハラスメントなどあらゆる労働条件について扱い、団体交渉への出席が求められる。会社には団体交渉への応諾義務があり、応じないと労働組合法違反となる。	解雇（地位確認）や未払い賃金などの請求をめぐって、裁判所において民事訴訟法に基づく審理が行われる。解決に1年以上かかることが多いため、迅速な解決を希望する場合は、3回の審理で結審する労働審判が行われることもある。	労使トラブルについて、あっせん委員が当事者間の話合いを促進することで、紛争の円満な解決を援助する制度。基本的に費用がかからず、手続きも簡便だが、あっせんへの参加は任意であり、あっせん案を受諾する義務もない。

会社が正当な理由なく団交の申し入れを拒否すると、不当労働行為の救済命令を申し立てられるだけでなく、ユニオンは、労働者の個別の労働条件にとどまらず、**会社全体の就業環境の改善なども要求してくることがあります。**

会社として十分な準備をした上で対応をはかることが大切といえるでしょう。

第 7 章 解雇・退職

解雇・退職者を出さない
労務管理

性的マイノリティが退職してしまうリスクとなる三大要素について触れ、
解雇・退職者を出さないための取り組みの内容について、労働者の属性
ごとに見ていきます。

■■■ マイノリティの退職リスクを理解する

慢性的な人手不足や先行き不透明が続く時代、さまざまな採用や登
用の中で、マイノリティである労働者に期待する場面が増えていくこ
とが予想されます。

「他人と異なる個性を持つ人たちの活躍をいかに後押ししていくか」
という戦略が、これからますます大切になっていくのです。

マイノリティ性の強い人は、そもそも自己肯定感や自己重要観が低
いケースが多いとされますが、さらに外的な要因も積み重なることで、

一般的に退職のリスクが高
いと考えられています。

右表のような要素を受け
止めつつ、会社として「マ
イノリティを辞めさせな
い」ための仕組みづくりが
肝要といえるでしょう。

> **マイノリティが退職してしまう三大要素**
> ①自分自身の個性に自信が持てず、本来の
> 　パフォーマンスが発揮できない
> ②職場で誤解や偏見にさらされることが多
> 　く、日々の仕事にストレスを抱えている
> ③会社から無理解・不利益な対応を受ける
> 　ことで、明日への希望を持てない

259

■■■■ 解雇・退職者を出さないための取り組み

　会社が具体的な対応や対策を講じることで、マイノリティの労働者が退職するリスクを軽減させるための取り組みについて、それぞれの属性ごとにまとめます。

　いずれも基本的な事項ばかりですが、**シンプルな取り組みの積み重ねが「不意の離脱」を防ぐための防波堤になっていく**と考えることができるでしょう。

マイノリティの労働者の退職リスクを軽減する取り組み		
レズビアン・ゲイ	トランスジェンダー	ノンバイナリー
• 同性パートナーに対する福利厚生制度の整備 • 単身赴任や出張などについての規定など運用の見直し	• 服装規定などの柔軟な運用 • 会社内施設の利用の柔軟な運用 • 通称名の利用の柔軟な運用	• 男女別の人事施策の廃止・見直し • 男女別の服装規定の廃止・見直し • 男女別の職場カルチャーの見直し
マイノリティに共通の課題		
• 上司や同僚などがマイノリティの存在を承認する取り組み • 職場における差別的な言動を防止するための取り組み • アウティングを防止するための取り組み • 差別的な人事権の発動を抑止する基準の明確化		

　職場の上司や先輩からの声がけやコミュニケーションも大切です。**仕事の成果や結果だけを褒めるのではなく、そのために努力をしてきた「プロセス」に共感することで、職場における存在感を讃え、承認欲求を満たしていく**ことを大切にしていきたいものです。

260

第 7 章 解雇・退職

管理職にお伝えしたいこと
~解雇・退職~

現場をあずかる管理職が多様な個性を持つ部下と向き合う場合の心掛けなどについてまとめ、解雇や退職を防ぐための"性別二元論"を超えた労務管理を行うヒントについて触れます。

■ "自分たち"と異なる個性を持つ部下への対応

日々、部下たちと接していて、こう思うことはありませんか。**最近の若者は、かつてのように素直に上司である自分の言葉を聞いてくれない**、と。それは若者に限らないかもしれません。

会社に入ったからには、上司の方針に従って仕事をするのは当たり前で、自分の考えで勝手な行動を取るなんて十年早い。昭和の時代には、このように考える人が圧倒的多数でした。

今は良くも悪くも、人それぞれ個性を包み隠さない時代です。その意味では、"自分たち"とは異なる個性を持つ部下といかに向き合うかが問われているといえるでしょう。

均質的で閉ざされた組織では、周囲と足並みを揃えて行動することが最大の強みとなりますが、逆にいえば周りと波長が合わない個性は、無意識のうちに排除されてしまいます。

職場における解雇や退職をめぐる人間模様は、法律論を離れてとらえれば、このような自律的な力学が働いていたとみることができます。

ひるがえって、今日的な組織においては、周囲と異なる個性を排除するような論理は影をひそめ、むしろ**多少は突き抜けた個性をいかに組織として平準化させていくかが、現場のリーダーシップには求められている**といえます。

　ジェンダーを取り巻く解雇や退職というテーマは、突き詰めるとこのような絵に置き換えることができるのではないでしょうか。
　「もしかしたら、彼ら彼女たちのほうが『時代の先』を行っているのかも」という仮説を立てながら、**粗削りな個性たちと向き合っていく勇気と大胆さが求められるのかもしれません**。

■ "性別二元論"を超えた労務管理へ

　ジェンダーをめぐる現場のトラブルの中でも典型的なのが**ドレスコード**についての論点です。服装や髪型は誰の目にも触れるために端的にわかりやすく、**摩擦や軋轢も起こりやすい**といえます。

　多くの場合、問題となるのは、職場の同僚の目線や顧客からの目線です。周囲との調和や規律が保てず、顧客からの信頼が損なわれてはいけないと、多くの人が懸念を抱きます。

　ここで考えたいのは、**従来のドレスコードをめぐる規律は、軒並み"性別二元論"を前提として成り立っている**ということです。
　本書でも見てきたように、ジェンダーには本来さまざまな在り方があります。必ずしも男女という枠組みに収まらないノンバイナリー的な在り方についても、最大公約数的には、未来志向における労務管理

上の目配せが必要な場面が増えてくることでしょう。

　都会の街中では、男性のように刈り上げたヘアスタイルの女性や、女性のようにきれいに長髪にした男性の姿も珍しくありませんが、これらがビジネスの世界には馴染まない際立った個性だと断定することは、必ずしも正確な評価ではないかもしれません。

　性別二元論が正しいとか間違っているということではなく、あくまで職場で求められるジェンダー規範という視点から、柔軟な態度で豊かな個性の在り方と向き合っていきたいものです。

経営者にお伝えしたいこと
～解雇・退職～

経営者自らが「退職者を出さない経営」の指針を掲げることの意義について触れ、事業承継のタイミングにおける多様性・包摂性に向けた会社の変革の可能性について考えます。

■ **退職者を出さない経営が尊ばれる時代**

経営者でなければできない仕事にはさまざまなものがありますが、その中でも重要なものの一つは**労働者を雇用すること**です。

もちろん、ある程度の規模以上の会社では、経営者（社長）ではなく担当役員に採用権限を委譲しているでしょうし、具体的な採用プロセスに関わることがないケースも少なくないでしょう。

それでも、雇用契約を締結している会社側の当事者、労働者が退職するときの名宛人はあくまで経営者であり、その意味では労働者は経営者の姿を想像して、労働契約の入口と出口に臨んでいるといえるでしょう。

労働者は日々、職場でのストレスの中で仕事に汗を流しています。なかでも人間関係をめぐる悩みや苦しみは大きいのが一般的であり、とりわけマイノリティの場合にはその傾向が強いとされます。

職場でのストレスにもがき、上司もなかなか取り合ってくれず、自分はこの場を去るべきかもと退職が頭をよぎったとき、最後の砦とな

りうるのが、明るい将来を感じさせてくれる会社のビジョンです。

経営者が「一人の従業員も取り残さない」というメッセージを発していると、それだけで救われる存在がいる──というのが経営が生き物たる所以だと思います。

経営者のポリシーとして、「退職者を出さない経営」を打ち出すことは、何よりも力強くマイノリティの就業意欲を後押しすることにつながります。

多様性を認めるとは、突き詰めると〈雇用を守る〉ということです。これは最終的に、**経営者にしかできない大きな仕事**といえます。

このような重大なメッセージを伝える意味でも、経営者が人事労務の担当役員に任せきりにせず、自らの考えを従業員に向けて発信していくような取り組みが有効だと考えられるでしょう。

■■■ 後継者育成と多様な個性への挑戦

経営者にとって、「後継者の育成」は今後の事業の成否を左右する一大プロジェクトです。

自分よりも一世代若い後継者への事業承継は、**未来に向けて経営のバトンを渡す晴れの舞台であると同時に、今までの経営の中で古くなってしまった体質を見直すチャンス**でもあります。

若い後継者が、あなたよりも年少だという理由で、すべての場面において若い発想の持ち主であるとは限りませんが、少なくともこれから彼（彼女）とともに仕事をしていく若いメンバーたちは、全体として

新しい時代に向かって柔軟な発想を実行に移していく人たちといえるでしょう。

　事業承継という会社の変革期は、さまざまな仕組みや慣例を見直して、会社が新たな時代を迎えるための再構築を進める契機となります。
　ジェンダーをめぐる労務管理の在り方にしても、今までの会社の歴史の中で培われてきた経緯をいっさい無視した改革を行うことは難しいものですが、会社の"世代交代"というタイミングで推進することには、ある程度、周囲の理解も得られやすいものです。

　バトンを引き渡すあなたが、次世代を担う後継者に対して、多様性・包摂性に向けた会社の変革を促すメッセージを添えることは、文字通り時代を塗り替える引き金になることでしょう。

おわりに

　私は脱サラ経営者の長男に生まれました。物心ついた頃には、父の同業仲間たちの膝に抱かれ、零細企業の社長の理想や愚痴を聞く中で育ち、明けても暮れても「経営者」「会社」というフレーズで埋め尽くされていたのを記憶しています。幼心のうちに、ものごとを経営者目線でとらえる感覚が宿っていたのかもしれません。

　20代で社労士として独立して、四半世紀近くこの仕事をしていて痛感するのは、**いつの時代にも労使間の壁は厚い**という事実です。融和や協調を図ることが何より大切ですが、根本的にはフラットな関係になることは難しく、そもそも価値観や生き様が異なる存在として、お互いを人間としてリスペクトし合うことが肝だと感じます。

　同じようなことが、男女の性差、ジェンダー視点についてもいえるのではないでしょうか。
　「男性と女性は違う星からやってきた」というくらい、男女をめぐる誤解や偏見、すれ違いや軋轢はあとを絶ちません。
　家庭内における課題もそうですが、職場におけるジェンダーをめぐるテーマは、男女が等しく活躍する時代へとコマが進んでいく傍らで、奇しくもますます深刻化しています。
　あわせて、世代間をめぐる意識やカルチャーの格差も、加速度的に広がりつつあります。**「Ｚ世代は理解できない」といった常套句で片付けるのではなく、彼ら彼女たちの持つ新たな社会性やコミュニティが開花していく可能性に、"人生の先輩"としてありのままに向き合う姿**

勢が、職場における未来への懸け橋につながると痛感します。

　昨今のAIの進化や実用化のスピードは、言葉にできないくらい速いです。私たちの業界でもAIを業務で駆使する人が増えており、一般的な法律相談や労務相談はAI弁護士、AI社労士が対応する時代がすぐそこまできています。

　この流れは、専門職や事務職にとどまらず、企画、製造、販売、営業、管理など、あらゆる職種や業種に広まっていくことでしょう。

　AIの進歩は、私たちの働き方、生き方を変えます。

　現在におけるAIとは、おおむねマジョリティ男性の集合知です。子どもや女性、高齢者の視点も包含しているにせよ、ビジネスをめぐるテーマについては、ビジネスマンを中心とする働き盛りの男性の思考や経験値の投影にほかなりません。AIによって真っ先に役割や居場所が奪われるのは、マジョリティ男性だと考えられます。

　体格や体力に恵まれ、計算能力や空間認識に優れ、組織に調和して役割を果たし、長期安定的に勤労する模範的なビジネスマンである男性の持ち味や優位性は、徐々に、しかし確実に、AIによって浸食されていく可能性が高いです。**「性別役割の変化」というと、もっぱら女性にスポットが当たりがちですが、男性をめぐるこれからの見取り図も、なかなか深刻**なのかもしれません。

　男女雇用機会均等法や、いわゆるパワハラ防止法の改正などを通じて、職場におけるハラスメント防止の対策が強化されてきました。

　しかし、残念ながら深刻な事案があとを絶ちません。個人的には、

「マジョリティ男性」に対する視点が欠如していると感じます。男性＝強者、女性＝弱者というステレオタイプを払拭して、加害者となる男性、被害者となる男性への具体的な目配せが必要でしょう。

　毎日のように「ジェンダー」の話題が世の中を駆け巡っていますが、驚くほど男性に関するテーマは少ないです。

　男性と女性をめぐる課題はコインの裏表だとするなら、**「男の生きづらさ」といったマジョリティ男性特有のテーマに踏み込むことによって、相互作用的に女性を取り巻く深刻なテーマの克服に向けた糸口がつかめる可能性は高い**と思います。

　そして、**性的マイノリティをめぐるテーマは、本当に深刻**です。

　数々の当事者と向き合っていて、“就職”が彼ら彼女たちの最大の“関門”だと痛感します。ただ、周囲との調和をはかり無事に関門を乗り越えることで、かけがえのない戦力となる例も多々あります。採用と定着という企業側の視点から考えると、**時代の変化に対応した社内制度や実務対応のアップデートをはかることで、人材難時代に新たな光明を見出すことができる**といえるでしょう。

　私は社労士として長年、人材派遣のテーマを専門としてきました。**派遣とは、いうなれば「働き方におけるマイノリティ」**です。直接雇用にはない多様な難問と向き合う中で、経営陣や担当者はもちろん、派遣労働者とも真摯に円満に向き合うスキルを培ってきました。この経験や肌感覚は、**「生き方におけるマイノリティ」であるジェンダーのテーマと同じ“根っこ”を持っている**と痛感します。

269

国が「男性＝仕事、女性＝子育て、家事」というジェンダーロールの見直しを提起しているように、男女の役割分担の歴史は決して古いものではありません。江戸時代以前においては、男女の役割が明確に固定化されていたのは武士や公家にとどまり、庶民は"共働き"が当たり前でした。日本は古来から八百万の神の国であり、仏像にも女性像や性別不詳の像が存在するなど、そもそも寛容なジェンダー観が基本だったことが知られます。

　ゴーイングコンサーンたる企業は、つねに未知の若者と積極的に向き合って新陳代謝をはかることが求められますが、**今は、企業や部署を牽引するみなさんの"大人の智慧"と、若者の"未来への感覚"とを調和、融合するための道すじを目指す時期**だと感じます。

　本書では、労務管理の分野について、現場目線からのヒントをまとめました。読者のみなさんのお役に立つことができましたら、著者としてこれ以上の喜びはありません。

　執筆にあたっては、アドバンスニュースの大野博司さん、eisu グループ COO の伊藤奈緒さん、一般社団法人 GCCI の神田くみさん、社労士の古川天さん、村上由紀子さんなど、たくさんのみなさんのご協力をいただきました。また、企画段階から本当にお世話になった日本実業出版社の佐藤美玲さん、ナデックのスタッフのみなさん、顧問先のみなさまに、心からお礼申し上げます。

　2024年11月吉日　　　　　　　　社会保険労務士法人ナデック

代表社員　　小岩　広宣

小岩　広宣（こいわ　ひろのり）

社会保険労務士法人ナデック代表社員。一般社団法人ジェンダーキャリアコンサルティング協会代表理事。特定社会保険労務士。特定行政書士。国家資格キャリアコンサルタント。ジェンダー法学会会員。日本ジェンダー学会会員。ジェンダー史学会会員。経営法曹会議賛助会員。

20代で社会保険労務士として独立。以来、20年以上にわたり、ひとり企業から上場企業まで幅広い労務管理に携わり、労働法改正や人材派遣分野の専門家として全国にクライアントを持つ。近年は、ジェンダーやダイバーシティ分野について、法律、キャリア、職場風土などの視点からの発信・提案や実務の対応を行っており、労働法や多様な働き方をめぐる登壇や寄稿多数。主な著書に、『中小企業の「働き方改革」労務管理をスムーズに変える本』（秀和システム）、『人材派遣・紹介業許可申請・設立運営ハンドブック』（日本法令）、『駆け出し社会保険労務士さんのための実務の学校』（編著、翔泳社）、『ジェンダーフリーの生き方・働き方ガイドブック』（共著、労働新聞社）がある。

https://www.nudec.jp

多様化する人材と雇用に対応する

ジェンダーフリーの労務管理

2024年12月1日　初版発行

著　者　小岩広宣　©H.Koiwa 2024
発行者　杉本淳一

発行所　株式会社 日本実業出版社　東京都新宿区市谷本村町3-29 〒162-0845

編集部　☎03-3268-5651
営業部　☎03-3268-5161　振　替　00170-1-25349
https://www.njg.co.jp/

印刷／木元省美堂　製本／若林製本

本書のコピー等による無断転載・複製は、著作権法上の例外を除き、禁じられています。
内容についてのお問合せは、ホームページ（https://www.njg.co.jp/contact/）もしくは書面にてお願い致します。落丁・乱丁本は、送料小社負担にて、お取り替え致します。

ISBN 978-4-534-06148-5　Printed in JAPAN

日本実業出版社の本

下記の価格は消費税（10%）を含む金額です。

新標準の就業規則
多様化に対応した〈戦略的〉社内ルールのつくり方

下田直人
定価 2750円（税込）

戦略的な就業規則により1,000社超の経営問題を解決してきた「就業規則の神さま」として知られる社労士が、昨今の労働環境や多様な働き方を踏まえたうえで、自社の理念を落とし込んだ「新標準の社内ルール」のつくり方を解説する、就業規則本の決定版。

新標準の人事評価
人が育って定着する〈二軸〉評価制度の考え方・つくり方

安中 繁
定価 2420円（税込）

「有能な社員を採用できないし、定着しない」「長くいる社員が自動的に高給をもらう状況になっている」「社員を育成できる人材が不足している」「経営理念が浸透しない」……、課題だらけの中小企業に適した「人財育成」ができる人事評価制度の導入法を解説。

中小企業のための「ハローワーク採用」完全マニュアル

五十川将史
定価 3520円（税込）

ハローワーク求人専門社労士が、ハローワークの求人票の書き方を徹底指南。ハローワークインターネットサービスの活用法もわかりやすく解説。正社員からパートの採用まで対応＆初めて求人票を作成する人もベテランも必携！

総務担当者のための介護休業の実務がわかる本

宮武貴美
定価 2420円（税込）

定年延長、雇用確保などにより、今後、企業が必ず直面することになる、従業員の「親や配偶者、子どもの介護×仕事」の両立支援について、総務担当者が知っておきたい実務を解説する本。従業員向けと管理職向けの著者オリジナル手引きダウンロードサービス付。

定価変更の場合はご了承ください。